O EXECUTIVO
QUE VIU A LUZ...

O Executivo
que viu a luz...

Roberto Ruban

𝓂.Books

M.Books do Brasil Editora Ltda.

Rua Jorge Americano, 61 - Alto da Lapa
05083-130 - São Paulo - SP - Telefones: (11) 3645-0409/(11) 3645-0410
Fax: (11) 3832-0335 - e-mail: vendas@mbooks.com.br
www.mbooks.com.br

Dados de Catalogação na Publicação

RUBAN, Roberto.
O Executivo que Viu a Luz: Ferramentas para acelerar seu autodesenvolvimento profissional/Roberto Ruban.
2012 – São Paulo – M.Books do Brasil Editora Ltda.

1. Autodesenvolvimento 2. Liderança 3. Negócios

ISBN: 978-85-7680-120-7

©2012 Roberto Ruban

Editor
MILTON MIRA DE ASSUMPÇÃO FILHO

Design da Capa
FABIO MESTRINER

Produção Editorial
Lucimara Leal

Coordenação Gráfica
Silas Camargo

Editoração
Crontec

2012
M.Books do Brasil Editora Ltda.
Todos os direitos reservados.
Proibida a reprodução total ou parcial.
Os infratores serão punidos na forma da lei.

À Claudia,
minha esposa e meu grande amor.

Prefácio

"Se lemos algo com dificuldade, o autor fracassou."

Jorge Luis Borges

Entre as pessoas que conheço, sou a que conheço menos... Isso porque me defino como um ser em formação, inacabado, incompleto e que ainda não tem todas as respostas. Assim começo o meu prefácio, para que você tenha a chance de devolver o livro à prateleira, antes de passar pelo caixa.

Não pretendo dar todas as respostas, pois não as tenho. Quando muito, pretendo ajudá-lo a construir boas perguntas que deverão ser respondidas por você mesmo durante sua vida e tentar compartilhar minhas experiências, acertos, fracassos e convicções.

Sou obrigado a concordar com Jorge Luis Borges, quando diz: "Chega-se a ser grande por aquilo que se lê e não por aquilo que se escreve".

Tento, em um exercício diário, me convencer de que ao escrever estou prestando um serviço a outros e não ao meu ego. Entretanto, devo confessar que também concordo com Gabriel García Márquez: "Para escrever, temos de estar convencidos de que somos melhores do que Cervantes; caso contrário, acabamos por ser piores do que na realidade somos".

Ao escrever vivo, diariamente, o conflito estabelecido por Borges e Márquez. Tenho de lutar contra meu ego e, ao mesmo tempo, dar vazão à minha petulância.

Apesar do sofrimento do processo, sei que minha compensação virá no momento em que começar a receber as primeiras mensagens de pessoas que leram e que, eventualmente, tiraram algum proveito do que escrevi. Este é o espírito deste livro.

Minha motivação para escrevê-lo veio do desafio natural que me impus após escrever o primeiro livro *Fui Promovido! E Agora?* Foi quando me questionei:

— *Isso é tudo que tenho a dizer após mais de trinta anos de experiência?*

A resposta é este livro.

Assim como no primeiro livro, preferi escrever de forma não linear. Apesar de tentar estabelecer uma sequência que considero a ideal, a compreensão de cada capítulo praticamente independe da leitura dos demais. Pretendi, também, construir este livro como uma extensão do primeiro. Não que seja obrigatória a leitura de um para a compreensão do outro, mas os temas abordados, neste segundo volume, pressupõem que o leitor já ocupe há algum tempo um cargo de gestor para tirar o máximo proveito do que tentei compartilhar.

Boa leitura e boa carreira!

Agradecimentos

"Não acredito em destino, acredito em jornada."

Roberto Ruban

Agradeço aos meus piores chefes, por me mostrarem como não fazer...

Agradeço aos meus melhores líderes, por me mostrarem que sempre é possível melhorar.

Agradeço aos meus funcionários de menor desempenho, por me mostrarem que não era o que pensava ser.

Agradeço aos meus melhores funcionários, por me mostrarem que poderia ser melhor do que pensava.

Agradeço aos meus filhos, por sempre me trazerem à realidade e me mostrarem como sou falível e incompleto.

Agradeço aos meus pais, por terem inflado meu ego, o que me fez acreditar que poderia ser mais do que imaginava.

Agradeço à minha esposa, Claudia, por utilizar parte do seu tempo discutindo conceitos e me desafiando a ser mais claro e objetivo.

Agradeço ao meu editor, por suas sugestões e por lembrar-me que escrevo para alguém, não para mim.

Agradeço aos meus mestres, muitos dos quais, conhecidos apenas pelo que escreveram.

Agradeço aos meus clientes, por tornarem minha jornada tão rica e excitante.

Agradeço aos meus concorrentes, por me obrigarem a buscar sempre o melhor.

Agradeço à Dona Nanci, que me ensinou a ler e escrever.

Agradeço ao Deus-cósmico, por ter me dado mais algum tempo nesta dimensão, para poder concluir esta etapa da minha missão.

Este livro certamente foi significativamente melhorado pela colaboração de duas pessoas: Maria Eliria Lelli Gomes e Claudia Lemonache Ruban.

Meu agradecimento especial a Fabio Mestriner, pelo projeto da capa.

Finalmente, agradeço ao Jorge Nahas por ter acreditado no meu projeto, permitindo torná-lo realidade.

Minha jornada não teria sido a mesma se não tivesse cruzado com as pessoas que conheci. Sou grato a todas.

Sumário

1. **O Último Suspiro** 15
   Coloque suas Crenças em Xeque! 19
   Etapa 1 – Estabeleça um Compromisso 21
   Etapa 2 – Obtenha Suporte Emocional 22
   Etapa 3 – Exercite 23

2. **A Linha que Não Cruzarei** 25
   Resultado ou Lucro? 28
   Limites Pessoais 29
   Notas e Referências 30

3. **Como Esvaziar uma Banheira** 31
   Temos Mais Escolhas do que as que Nos São Oferecidas 31
   Notas e Referências 37

4. **O Gato no Telhado** 39
   Tendemos a Ver o que Queremos 40
   A Ideia que Temos das Coisas Nos Afeta Mais do que as Coisas Propriamente Ditas 43

5. **Está Quase Pronto** 45
   Notas e Referências 51

6. O que Deus Não Dá 53
Confiança e Competência 56
Notas e Referências 57

7. Rãs no Balde de Creme 59
Perseverança 60
Constância de Propósito 61
Determinação 61
Foco 62
Notas e Referências 63

8. Diamantes Cor-de-rosa 65
Garimpo 70
Características Comuns aos Líderes Excepcionais 75
Características Comuns aos Bons Gestores 77
Lapidação 78
Notas e Referências 81

9. Temos Dois Grandes Desafios: Clientes e Concorrentes 83
Enfoque – Nichos 86
Liderança no Custo Total – Volume 87
Diferenciação 90
Movimentos 92
Notas e Referências 94

10. 511 Anos Depois 97
Simplificando 100
Administração do Tempo 100
Planos B 103
Qualidade Humana 104
Notas e Referências 105

Sumário

11. **Janela de Ferrari** 107
    Inovação 110
    Senso de Oportunidade 111
    Prioridade na Ação 111
    Superação 111
    Pragmatismo 112
    Tomada de Riscos 113
    Persistência/Resiliência 113
    Celebrar os Sucessos 115
    Notas e Referências 116
12. **Deixando que os Gorilas Passem** 119
    Inovação I 119
    Inovação II 120
    Inovação III 120
    Conclusão 130
    Notas e Referências 130
13. **Alfa Dogs e Líderes** 133
    Quem é Você? 135
    Notas e Referências 138
14. **Abracadabra!** 141
15. **Ethos, Logos, Pathos** 145
    Ethos – Caráter 147
    Logos – Lógica 148
    Pathos – Emoção 148
    Líderes Devem Influenciar Pessoas 150
    Conflitos Construtivos 151
    Tria Officia 153
    Decorum 154
    Notas e Referências 154

16. O que Separa o Melhor do Resto 157

Diretor ou Gerente? 159
Preparar-se Sempre para os Próximos Desafios 159
Mediocridade 160
Desleixo ou Capricho 161
Conectando Clientes e Acionistas 162
O "Tamanho" do seu Cargo 162
Integridade e Coerência 163
Comunicação 163
Notas e Referências 164

17. Ruma à Luz 167

Notas e Referências 170

1 O Último Suspiro

"Se um dia eu pudesse ver
Meu passado inteiro
E fizesse parar de chover
Nos primeiros erros
Meu corpo viraria sol
Minha mente viraria sol
Mas só chove, chove."

Kiko Zambianchi[1]

Chovia...
— Oi, querida, acabei de sair do escritório. Devo chegar dentro de meia hora, se não tiver nenhuma surpresa no trânsito.
— Saiu mais cedo hoje?... Que bom! Vou adiantar o jantar.
—Beijo.
Desliguei o celular sem dizer que a amava.
Pressionei o botão do controle remoto e abri a porta do carro com pressa, por causa da chuva fina que caía. Não cheguei a entrar.

O bandido se aproximou apontando a arma em minha direção. Ele tremia como, em geral, tremem os principiantes. Pude perceber o medo estampado em seu rosto, amplificado pela adrenalina que era descarregada em suas veias. Não consegui avaliar qual de nós dois estava mais aterrorizado com a situação.

— Passa a grana! Passa o celular! Passa tudo!
— Calma! Calma! — Respondi imediatamente, quase gritando.

Meu movimento brusco, na ânsia de atender rapidamente seu pedido, foi interpretado erroneamente. Eu estava tentando alcançar o celular no bolso, o que fez com que ele acreditasse que eu pegaria uma arma.

Puxou o gatilho e saiu em disparada.

Não senti dor, apenas uma ardência do lado esquerdo do tórax.

O tiro à queima-roupa havia atravessado meu peito, perfurando meu pulmão e atingido minha coluna, rompendo a medula. Desabei instantaneamente, com as costas voltadas para a calçada.

As luzes do poste, logo acima de mim, se refletiam nas gotas de chuva. Meus olhos estáticos fitavam aqueles pontos brilhantes, que cintilavam, envolvendo a lâmpada de vapor de sódio.

Enquanto aquela chuva fria de inverno escorria pelo meu rosto, a calçada molhada começava a ser tingida de vermelho.

Minha respiração tornara-se rápida e curta. Sentia, cada vez mais, dificuldade em buscar um pouco de ar à medida que meu pulmão enchia-se de sangue.

Conforme o oxigênio se reduzia em meu cérebro, as luzes ficavam mais brilhantes... As gotas de chuva, iluminadas, fundiam-se com a luz amarela da lâmpada de sódio. O halo de luz aumentava enquanto o tom amarelado se dissipava, dando lugar ao branco.

Quando o filme de minha vida começou a ser projetado em minha mente, já sabia o que viria a seguir...

Meu último suspiro selou meu destino, como acontece para todos...

Silêncio absoluto...

Branco absoluto...

Luz absoluta...

Acordei ofegante, suando frio. Nunca fui tão grato ao som irritante do meu despertador.

O pesadelo parecera tão real que meu coração ainda estava acelerado. Aquele pesadelo me incomodou, mas também me fez refletir.

A partir daquele dia comecei a acreditar que, apesar de não podermos controlar tudo, podemos melhorar nossa história até o momento do último suspiro.

E se isso tivesse acontecido com você?

Uso este artifício literário para fazê-lo pensar em uma situação que normalmente evitamos.

Gostaria que imaginasse a imagem do seu próprio *último suspiro*.

O *último suspiro* chegará para todos nós, e essa é uma verdade inexorável, queiramos ou não. Pode ser em uma situação inesperada, como pode chegar depois de um longo período de tempo lutando contra uma doença.

Não importa como, porém todos respirarão uma última vez... É naquele instante em que não há mais força vital para buscar outra golfada de ar, mas a vida ainda existe.

Qual o tempo decorrido entre a última golfada de ar e o fim da vida?

Essa pergunta não pode ser respondida, mas imagine que exista uma fração qualquer de tempo entre esse último suspiro e a extinção da vida.

Não é confortável pensarmos em nossa própria morte, nem pretendo que você faça isso por muito tempo. Apenas suponha que, nessa fração final de vida, imediatamente após esse último suspiro, você conseguisse assistir ao filme de sua vida. Qual seria o roteiro? Você teria orgulho do que está assistindo? Teria algum arrependimento? Mudaria algo, caso pudesse voltar no tempo e reviver as mesmas situações? Afinal, Buda nos ensinou que a morte não deveria ser temida por aqueles que vivem com sabedoria.

Não posso proporcionar uma viagem de volta ao passado, na qual você poderia corrigir seus equívocos, alterar algumas decisões, mudar algumas convicções que não ajudaram na construção do "personagem" que protagoniza até este momento.

Seu passado já está escrito, mas posso desafiá-lo a imaginar uma viagem ao futuro. Não será uma viagem ao futuro longínquo, mas apenas uma visita imaginária ao futuro profissional que ainda resta. Já que não é possível alterar sua história profissional anterior, que tal melhorá-la daqui para frente?

— *Que petulância! Nem me conhece e já está achando que preciso melhorar?*

Perdoe-me se entendeu que o estou prejulgando. Não é isso. Estou apenas considerando o que disse Thomas Edison: "Mostre-me um homem totalmente satisfeito e lhe mostrarei um fracasso".

Vê como as coisas, muitas vezes, não são o que parecem? Tenho certeza de que não é um fracassado; portanto, não deveria estar plenamente satisfeito...

Sabendo que, mais cedo ou mais tarde, teremos de mudar algo em nossa vida profissional, não seria melhor fazer isso por iniciativa própria do que esperar que os outros praticamente nos obriguem a fazê-lo?

Por mais sucesso que esteja vivenciando, realmente acredito que todos nós podemos melhorar sempre, continuar aprendendo e evoluindo. É sob essa perspectiva que gostaria que entendesse a proposta que faço a você.

Como disse Alfredo J. Assumpção[2], "... nos padrões atuais, tudo o que funciona já está obsoleto" — e eu, pretensiosamente, acrescentaria: inclusive nós.

Acredite em Lavoisier quando ele disse: "Nada se perde, nada se cria, tudo se transforma". Se você não se transformar, o tempo ou os micróbios cuidarão disso, portanto, seja o senhor da sua história.

Faça um exercício mental e imagine o *roteiro do seu filme* desde agora até o último dia de trabalho.

Você pode escolher entre duas alternativas. A primeira é manter o seu *modus operandi* ou, em outras palavras, continuar repetindo suas atitudes e manter suas crenças atuais, sem mudar nada e "ver no que dará". A segunda possibilidade é bem mais difícil, pois potencialmente poderia se desdobrar em dezenas de possibilidades. Você teria que imaginar o roteiro do seu filme, caso mudasse algumas de suas atitudes com as quais não está satisfeito e cogitar a possibilidade de substituir algumas de suas crenças arraigadas ou ultrapassadas (esta sugestão é muito difícil de ser executada, pois, se realmente são crenças, você lutará contra a ideia de que possam existir outras mais adequadas do que as suas).

— *Já entendi. Digamos que esteja convencido a começar hoje uma nova etapa. Então, o que sugere para que eu inicie o processo de mudança?*

Coloque suas Crenças em Xeque!

A melhor maneira de colocar uma crença em xeque é pelos resultados gerados. Caso não esteja satisfeito com os resultados e perceba que os outros conseguem fazer melhor, tente perceber as diferenças entre suas crenças e atitudes e as das outras pessoas. Isso poderá, em diversas situações, indicar áreas que precisam mudar.

Certamente, as duas alternativas sugeridas resultarão em roteiros muito diferentes.

Se você fosse uma celebridade do mundo do entretenimento, seria provavelmente aconselhado pelo seu consultor de imagem a afirmar, em entrevistas, que sua vida é perfeita, que não mudaria nada no seu passado, que tomaria exatamente as mesmas decisões e que faria as mesmas escolhas, blábláblá...

Permito-me afirmar que não é o tipo de pessoa que precisa ter as "respostas prontas" sugeridas por consultores de imagem.

Aposto que gostaria de mudar algo, de ter a chance de rever algumas de suas escolhas e convicções do passado, já que o tempo mostrou não serem as melhores...

Então, por que não começar a mudar hoje mesmo?

— *Se fosse fácil, eu já teria mudado sozinho e você teria vendido um livro a menos. Não me dê sugestões óbvias, mostre-me como!*

Permita-me avisá-lo que este livro não é um manual de autoajuda. Aceito, no máximo, que seja classificado como livro para autodesenvolvimento profissional. Aqui não encontrará receitas rápidas nem soluções instantâneas, como se fossem *scripts* pré-fabricados nos quais você só teria de substituir o nome do protagonista pelo seu. Infelizmente o processo de mudança pessoal é, talvez, o mais difícil dos processos a ser enfrentado pelos seres humanos.

Mesmo admitindo que não estejamos nos saindo muito bem com nossas atitudes e decisões atuais, tendemos a lutar contra a ideia de que a responsabilidade é, em grande parte, nossa. Preferimos buscar explicações externas antes de nos convencermos de que chegamos a tal ponto com nossas próprias pernas, ou melhor, com nossa própria cabeça.

Pretendo propor algumas estratégias que poderão ajudá-lo a lutar contra sua própria resistência às mudanças.

Antes de apresentar as estratégias, sugiro que liste o que deseja mudar. Quais seriam as novas atitudes e novas crenças que quer praticar e para qual finalidade.

Essa lista é importante para você se conscientizar do grau de dificuldade que enfrentará.

— *Chega de enrolação! Diga logo como começo.*

Está bem, veja as três etapas que sugiro:

Etapa 1 – Estabeleça um Compromisso

Qualquer mudança exigirá tempo e muito esforço. Se você não tiver um forte compromisso pessoal, encontrará inúmeras boas razões para desistir, pois deixar tudo como está não exige nem tempo, nem energia.

O compromisso pessoal será estabelecido mais facilmente se encontrar as razões para travar sua batalha pelas mudanças. Essas razões têm de ser mais fortes do que as que utilizará para se convencer que é melhor desistir.

— *Está complicado. Pode me dar um exemplo, por favor?*

Já tentou emagrecer ou conhece alguém que está lutando contra a balança? Não é mais fácil dizer que está garoando e, portanto, vai deixar a corridinha para amanhã do que calçar o tênis e enfrentar o compromisso e a garoa? Não é mais fácil dizer que é só um "chocolatinho" e que amanhã compensará essa "exageradazinha"? Soa familiar?

Este exemplo corriqueiro mostra porque o compromisso tem de ser mais forte do que suas próprias desculpas (inclusive as *desculpas verdadeiras*, como a chuva).

Etapa 2 – Obtenha Suporte Emocional

No meu tempo de colégio convivíamos com a figura do bedel, aquele 'ser infeliz' cuja missão era convencer os adolescentes a retornarem à sala de aula, pois o intervalo havia terminado.

Ao propor que consiga suporte emocional, não quero dizer que deveria encontrar um 'bedel particular' para lembrá-lo, a todo o momento, que está se desviando do seu compromisso. Entretanto, receber uma opinião sincera de tempos em tempos, que o faça refletir sobre o que realmente está conseguindo (ou deixando de conseguir...), o ajudará sem dúvida.

Conseguir as mudanças é responsabilidade sua! Não adiantará nada alguém ficar cochichando no seu ouvido se não estiver convencido de que é o melhor a fazer... Precisará daquela pessoa que o compreenda e compartilhe suas angústias, mas ao mesmo tempo não sinta compaixão por você.

Obviamente você tem que assumir as responsabilidades por suas decisões, inclusive a decisão de mudar.

Sugiro que compartilhe sua decisão de buscar mudanças pessoais com alguém de sua confiança. Pode ser um amigo, alguém da família, colega de trabalho etc., com a condição de que esta pessoa não seja afetada diretamente pela mudança que você está buscando.

Quanto mais indiferente ao resultado for tal pessoa, melhor credenciada estará para suportá-lo de forma isenta. Mais importante ainda, você não terá razões para desconfiar de suas sugestões e *feedbacks*.

Essa pessoa deve ter oportunidades concretas de verificar sua atitude ou crença em aplicação e poder avaliar, sem o seu "filtro" pessoal, se você está realmente mudando ou se as recaídas são muito frequentes. Isso deverá ser levado em consideração quando escolher alguém para lhe dar o suporte emocional.

Lembre-se sempre de que mudar é um processo muito difícil e, muitas vezes, doloroso. Se as razões que escolheu para justificar a si mesmo a necessidade de mudar lhe mostrarem grandes recompensas, essa jornada será menos penosa.

Etapa 3 – Exercite

Em geral, não conseguimos substituir uma crença ou atitude sem praticar a nova atitude ou reforçar a nova crença, até que isto se torne algo "automático". Enquanto você precisar pensar na atitude ou na crença, ainda estará mais confortável com a atitude ou a crença antiga. Esta é uma forma simples para medir o grau de mudança atingida.

— *Pode me dar um exemplo?*

Lembre-se de quando estava aprendendo a dirigir. Nas primeiras aulas, provavelmente era difícil lembrar em que marcha o carro estava, pensar no processo de troca de marchas e fazê-la na hora certa, nem antes nem depois do que o motor estava solicitando.

As pessoas, no início do aprendizado ao volante, pensam mais ou menos assim:

"Onde está mesmo a alavanca do câmbio? — Preciso olhar para ela para saber qual a próxima marcha vou engatar... Ah, está na segunda, então vou engatar a terceira..."

Enquanto precisar pensar no que deve fazer, ainda não terá aprendido a dirigir de verdade. Com o exercício você passa a executar as operações *automaticamente*. Troca de marchas sem perceber que a fez, mas isso ocorre na hora certa e o motor é mantido na rotação adequada, sempre!

O processo de mudança pessoal é muito semelhante ao exemplo anterior. Enquanto estiver pensando no processo, ainda não terá mudado realmente, portanto, exercite!

Bem, aí estão as três etapas que o ajudarão a mudar.

— *Pode me dar uma previsão de quanto tempo levará esse processo de mudança?*

Não existe um tempo previsto ou ideal. Cada um deveria vivenciar a alegria de buscar a mudança. Nesse aspecto, concordo com Beatrice Bruteau[3]: "Não podemos aguardar que os tempos se modifiquem e nós nos modifiquemos, também, por uma revolução que chegue e nos leve em sua marcha. Nós mesmos somos o futuro. Nós somos a revolução".

E, como afirmou Buda: "É melhor viajar bem do que chegar".

Acostume-se com a ideia de que mudar será um estilo de vida, não um destino.

Platão definiu essa trajetória magistralmente ao afirmar: "Para um homem, conquistar a si mesmo é a principal e mais nobre de todas as vitórias".

Conquiste-se!

2 A Linha que Não Cruzarei

"No esquema das coisas,
Eu sei bem onde estou.
Minhas convicções definem quem sou.
Alguns movem seus limites a qualquer custo,
Mas existe uma linha que não cruzarei.
Sem subterfúgios – sem álibis.
Nenhum compromisso construído com areia.
Eu não serei usurpado, tampouco comprado.
Há uma linha que não cruzarei."

Susan Ashton[1]

Qual o momento certo para dizer "basta"?

—Você é engraçado, pois acaba de sugerir que eu adote o processo de mudança como um estilo de vida e agora inicia este capítulo perguntando quando deveria dizer basta?

Faço isso pelo seu próprio bem. No mundo dos negócios, por mais que se queira fantasiar, há apenas três objetivos comuns a todas as empresas: ganhar dinheiro, crescer e se eternizar!

Você pode ler centenas de declarações de missão, valores e princípios, mas, mesmo que não esteja explícito, cada empresa que as declara tem por objetivo o lucro sustentável.

Por que deveria ser diferente com sua empresa? Certamente não é. Portanto, nunca tente negar o axioma: "Toda empresa existe para obter lucro, crescer e prosperar".

— *E o que isso tem a ver com cruzar alguma linha?*

Tem tudo a ver. Essa tal linha imaginária é um limite. Você, como representante de sua empresa, terá de ter, claramente, definidos em sua mente os limites que não poderá cruzar.

— *Representante? Não sou nem diretor.*

Não se equivoque, pois todos são representantes da empresa onde trabalham.

Quando você entra em um restaurante pela primeira vez, o garçom tem mais influência sobre a sua opinião com relação ao estabelecimento do que o proprietário, o gerente ou o chefe de cozinha. Todos, de alguma forma, representam a empresa onde trabalham, principalmente quando em contato com clientes ou pessoas externas à organização.

Voltando à questão do limite, da tal linha imaginária...

Um dos limites mais fáceis de compreender é o preço.

Para um vendedor existe um preço, abaixo do qual não interessará continuar negociando e, do mesmo modo, para o comprador existe um preço acima do qual não valerá à pena prosseguir, mesmo que, algumas vezes, não esteja claro para uma das partes qual é o limite da outra.

O espaço para negociação está localizado entre esses dois limites.

— *Acho que com um exemplo ficaria mais fácil.*

Imagine que esteja tentando comprar um veículo usado. Encontrou um que atende perfeitamente às suas expectativas. De fato, você gostaria muito de conseguir comprá-lo.

Qual o preço máximo que aceitará pagar por esse automóvel?

Caso entre em uma negociação como essa, sem estabelecer racionalmente o limite, estará se colocando em uma situação extremamente frágil, pois se o vendedor for um negociante de veículos experiente, tentará vender-lhe pelo preço máximo, talvez até acima do valor de mercado.

Lembre-se que esse mesmo vendedor adquiriu esse veículo e, portanto, naquele momento estava se colocando na posição de comprador. Deve, provavelmente, ter utilizado sua experiência para reduzir ao máximo o preço de compra.

Se já tentou vender um veículo a um lojista, deve ter ouvido frases do tipo:
— O mercado está muito difícil, quase parado.
— Esse modelo é bem difícil de comercializar.
— A cor do seu carro não é muito comercial.
— Pena que seu carro esteja com uma quilometragem um pouco elevada, caso contrário até seria possível pagar um pouco mais.

Esses comerciantes normalmente utilizam não apenas uma, mas um conjunto de frases desse tipo quando estão comprando o carro de um cliente. Entretanto, no dia seguinte, quando o seu veículo já está na loja deles isso permite que digam frases do tipo:
— Ultimamente, esse carro é muito procurado. Este está superconservado.
— Na verdade eu até já reduzi o preço, pois estou precisando fazer caixa. Este veículo vale mais do que isso.
— Estou praticamente repassando pelo preço que entrou em outra troca.
— Veja que cor de personalidade. Todo mundo está ficando cansado do preto e do prata.

Portanto, se vender um carro usado, jamais volte para descobrir por quanto ele estará sendo vendido pelo lojista. Não vale a pena se estressar...

Pode parecer um exemplo simplista, mas acredite que essa técnica é utilizada por grandes corporações. Se seu produto ou serviço estiver sendo desqualificado pelo responsável de *supply chain*, apenas entenda o jogo e mantenha a calma.

A primeira "regra de ouro" para os negociadores é jamais permitir que o outro lado saiba qual é o seu limite. O preço limite é o ponto a partir do qual não faz mais sentido avançar no negócio, pois não gerará nenhum resultado para sua empresa. Aliás, por falar em resultado...

Resultado ou Lucro?

Apesar de, na maioria das vezes, o resultado se confundir com o conceito de lucro ou margem, no caso de algumas negociações a diferença é dramática.

Utilizo o termo "resultado", e não "lucro", para ressaltar que em alguns casos pode acontecer de estabelecermos uma linha limite em que não haja lucro de fato, mas haverá um resultado.

— *O que é isso? Está tentando me confundir? Não foi você mesmo que disse que toda empresa busca o lucro?*

De forma alguma. Existe uma grande diferença entre resultado e lucro. A sua empresa pode estar buscando resultado em curto prazo para obter lucro em médio ou longo prazo.

— *Acho que está na hora de pedir mais um exemplo.*

Imagine que você tivesse criado uma "nova" sandália de dedo. Você tem uma pequena empresa e está tentando obter uma fatia modesta do *market share* que é dominado por uma empresa gigantesca, algumas de médio porte e centenas de outras, com o porte da sua. Você sabe que somente poderá atuar em um nicho de mercado.

Uma atriz "descolada" de Hollywood adorou o modelo de sua sandália, que viu com uma amiga brasileira e enviou um e-mail perguntando se você teria interesse em criar uma dessas sandálias especialmente para ela ir à cerimônia de entrega do Oscar. Qual o preço mínimo que cobraria dela?

— *Está maluco? Eu até pagaria para ela usar meu produto e ainda entregaria pessoalmente!*

Exatamente! O resultado para sua empresa será enorme, mas nesta "venda" específica terá um prejuízo considerável. As despesas para produzir e entregar a sandália especial serão elevadas para o tamanho de sua empresa. Você trocou o prestígio dessa atriz pelo eventual lucro que essa transação específica gerará no futuro. Esse é um dos conceitos que podem ser usados para estabelecer o "preço mínimo", utilizando o resultado e não o lucro.

Substitua o termo "atriz" por um "novo cliente de prestígio" que está tentando conquistar e veja como as coisas começam a fazer sentido.

Limites Pessoais

Se você concordou com minha sugestão de ter sempre claramente definidos os limites para negociações comerciais, creio que concordará que deveria ter também claramente definidos os seus limites éticos e morais.

Qual o momento de dizer *não* a uma solicitação de seu superior imediato, mesmo que isso coloque em risco seu próprio emprego? Onde traçará a "linha imaginária" para delimitar essa área?

— *Acha sensato sugerir que eu coloque meu emprego em risco? Seu livro não pretendia me ajudar na carreira?*

Sim, se com isso você preservar sua imagem profissional em longo prazo. Não parece fácil, pois talvez não seja mesmo.

Nossos medos e insegurança pessoais são limitantes poderosos, porém, sugiro que reflita sobre isto e avalie se é melhor um emprego hoje ou uma carreira para sempre?

Não aceite fazer o que estiver além de seus limites éticos e morais.

Lembre-se de que para você existem muitos empregos; porém, apenas uma carreira!

Notas e Referências

1. Tradução livre da letra "There is a line", de Susan Ashton, consultada no site: <http://www.lyricstime.com/susan-ashton-there-is-a-line-lyrics.html>.

# 3 Como Esvaziar uma Banheira

*"Não importa quão estreita a passagem.
Nem quão fortes as punições no pergaminho.
Sou o senhor do meu destino.
Sou o capitão da minha alma."*

William Ernest Henley[1]

Temos Mais Escolhas do que as que Nos São Oferecidas

Durante uma visita a um manicômio, o diretor da instituição mostra uma banheira cheia de água ao visitante e explica que a utiliza como teste para definir quem deve ser internado e quem não precisa.

— Como faz o teste? – pergunta o visitante.

— É um teste muito simples – retruca o diretor – Mostro estes três objetos à pessoa – apontando um balde, um copo e uma colher e, então, pergunto como ela esvaziaria a banheira.

— Obviamente com o balde é mais rápido do que com o copo ou a colher.

O diretor olha para o visitante e com um ar sério pergunta:

— O seu plano médico é para enfermaria ou quarto particular?

Ao perceber o olhar de espanto do visitante, complementa:

— Basta tirar a tampa do ralo.

Na maioria das vezes, temos mais escolhas do que as que nos são oferecidas.

Não creio em destino, no sentido de que nosso futuro já esteja "escrito". Nosso destino será a consequência de fatos alheios à nossa vontade e, também, das escolhas que fizermos durante nossa vida. Nesse sentido, concordo com William J. Bryan[2]: "Destino não é uma questão de sorte, mas uma questão de escolha; não é uma coisa que se espera, mas que se busca".

Se pretendermos escrever nossa própria história de vida, temos de tomar as rédeas de nosso destino, e isso só pode ser feito pelas nossas escolhas diárias, inclusive sobre a nossa carreira.

Por falar em carreira, o que tem feito pela sua?

— *Lá vem você de novo.*

Desculpe se recebeu minha pergunta como uma crítica implícita. Não o conheço suficientemente para avaliar se está realmente fazendo tudo que pode para seu próprio bem.

Sei que, muitas vezes, acabamos nos emaranhando no dia a dia e deixando nossas próprias prioridades para "um momento mais propício".

Quem está gerenciando sua carreira?

Se não for um jogador de futebol ou um cantor famoso, o gestor de sua carreira é você mesmo! Nunca se esqueça disso. Nem pense que alguém do departamento de recursos humanos ou seu chefe exercerão esse papel. Não vale a pena correr tal risco.

Considerando que seja seu próprio gerente de carreira, deveria ter sempre em mente os aspectos que deveria gerenciar... Sugiro que pense nos seguintes aspectos:
Quais seus dois ou três próximos passos de carreira?
Quais as competências-chave para cada um desses passos?
Quais são seus pontos mais fortes para essas futuras posições que almeja?
Quais são seus pontos mais fracos para as mesmas posições?
Qual seu plano de desenvolvimento pessoal para reduzir a distância que o separa dos melhores concorrentes para essas posições?
Quais os dois ou três sucessores potenciais que indicaria para ocupar seu cargo atual?
Sentiu-se pressionado pelas perguntas anteriores? Saiba que fiz isso intencionalmente e espero, sinceramente, o ter incomodado o suficiente para que comece a pensar nas respostas, afinal, os melhores gestores são aqueles que conseguem pensar e atuar tanto nas prioridades imediatas como nos temas de médio e longo prazo, apesar de saber que serão cobrados apenas pelos resultados imediatos.

Como no poema de William Henley, atinja o ponto onde possa afirmar: "Sou o senhor do meu destino. Sou o capitão da minha alma".

— *Por que não vai direto ao que interessa e me mostra que escolhas tenho à disposição?*

Porque não é tão simples assim. Acredito em planejamento de carreira, mas também sei que nem tudo está sob nosso controle. Assim, proponho que planeje as etapas cruciais de carreira, como marcos importantes que possam ser aferidos ao longo do tempo. Isso permitirá que avalie se está adiantado ou atrasado em relação ao que se propôs. Por outro lado, proponho que permaneça aberto para alternativas que não havia considerado e esteja disponível para avaliar o que está "fora do seu radar".

— Explique melhor.

Maria Helena[3] foi uma excepcional treinadora da seleção brasileira de basquete feminino entre 1986 e 1992. Levou o time brasileiro à medalha de prata nos jogos Pan-Americanos de 1987 e ao ouro no Pan-Americano, em 1991. Certa vez ouvi a jogadora Hortência explicar a um jornalista que Maria Helena costumava dizer: "Oportunidade é uma velhinha careca com um tufo de cabelo na testa e que passa por você correndo".

Maria Helena certamente não criou este ditado popular, porém o utilizava de maneira magistral para enfatizar sua filosofia de jogo. Ela dizia às suas atletas que tinham de agarrar a velhinha pelo tufo da testa, quando acabava de se apresentar perante elas.

As suas atletas deveriam estar sempre preparadas para aproveitar rapidamente cada oportunidade durante um jogo.

Você também não disporá de muito tempo para pensar quando uma oportunidade bater à sua porta.

Durante um jogo de basquete são raras as oportunidades de arremessar a bola livre de marcação. Na sua vida profissional não é diferente. Quando a marcação se abre, é no máximo por uma fração de segundos. A decisão tem de se dar quase no nível do reflexo. Se parar para avaliar, a situação já mudou e a velhinha já passou. O segredo de segurar bem essas senhoras carecas é se preparar antes e aprender a procurá-las e identificá-las.

O escritor austríaco Robert de Musil (1880-1942) define de modo brilhante esse conceito de busca e identificação: "Se

existe um sentido de realidade, também deve haver um sentido de possibilidade".
Em um jogo de basquete, a facilidade está no fato de que o alvo é claro e fixo. Em nossa vida profissional, nem sempre há um alvo claro e muito menos fixo. O que almejamos, hoje, poderá ser diferente daqui alguns anos. O que valorizamos hoje, ou a realidade atual, poderá não ser exatamente o que valorizaremos mais tarde, portanto, podemos estar deixando de perceber possibilidades. Como disse Tom Peters[4]: "Quando se abrir uma janela de oportunidades, não baixe a persiana".

Aqueles que conseguem definir melhor suas metas em longo prazo têm, consequentemente, chances maiores de enxergar as "velhinhas" quando estão caminhando rapidamente em sua direção, em meio à multidão.

Como disse o escritor inglês Edward de Bono: "Todos estão rodeados de oportunidades. Mas estas apenas existem quando são vistas. E apenas serão vistas se as procurarmos".

No caso da carreira, uma forma eficaz de estar preparado para enxergar oportunidades é ter metas em longo prazo e, também, ter sucessores preparados. Se você tiver pelo menos um sucessor (o ideal seria ter três) preparado para substituí-lo, terá mais chances de ser promovido. Como se diz no mundo empresarial, só pode ser promovido quem é substituível.

Creio que Sun Tzu tenha compreendido que ao conseguir algo favorável, você se posiciona melhor para ver mais alguma oportunidade ou situação que venha a ser favorável novamente. Sobre isso, Sun Tzu afirma: "As oportunidades multiplicam-se à medida que são agarradas".

O escritor C. S. Lewis aborda a questão das escolhas da seguinte maneira: "Toda vez que você faz uma escolha, está transformando a parte central de seu ser – a parte que escolhe – em algo um pouco diferente do que era antes de fazer a opção. Considerando a vida como um todo, você transforma, aos poucos, esse algo central em uma criatura celestial ou em um ser infernal".

Então, faça com que seja um ciclo virtuoso que pode e deve ser iniciado por você.

Depois de muitos anos, se tiver sido consistente, dirão que você teve muita sorte na vida, que "seu destino lhe sorriu".

Lembre-se que não dominará todas as variáveis envolvidas, portanto o processo não depende apenas de suas decisões, da qualidade do seu plano e de sua vontade.

A psicóloga e escritora Mariá Giuliese diz: "A construção de uma carreira se dá por meio de movimentos ondulatórios, de idas e vindas, e envolve períodos de luz e sombra. Nesse processo, ora ocorrem grandes mudanças e descobertas, ora paralisia e escuridão".

Se aprender a lidar com as suas escolhas e incertezas, saberá conduzir sua carreira e, ao analisar o passado, descobrirá que soube fazer boas escolhas e planejar sua jornada, teve paciência e sabedoria para atravessar os momentos de sombra e paralisia. Não creio em destino, creio em jornada.

"Que é a nossa vida senão um entrelaçar de fios que se unem ao movimento de nossas escolhas?"

— Heva Freitas

Seja o capitão de sua alma!

Notas e Referências

1. Tradução livre da última estrofe do poema "Invictus", de William Ernest Henley (1849–1903), escrito em 1875 e publicado pela primeira vez, em 1888, no livro de poemas *Henley's Book of Verses*, no qual era o quarto de uma série de poemas entitulada "Life and Death (Echoes)". O poema foi publicado originalmente sem título, tendo sido nomeado *Invictus* por Arthur Quiller-Couch quando ele o incluiu na coletânea *The Oxford Book Of English Verse*, em 1900.

   Este foi mencionado por Nelson Mandela como sua fonte de inspiração durante os anos em que esteve preso na África do Sul e retratado no filme *Invictus* sobre sua vida.

   "It matters not how strait the gate, How charged with punishments the scroll, I am the master of my fate: I am the captain of my soul."

   Fonte: <http://en.wikipedia.org/wiki/Invictus>.

2. William Jennings Bryan (1860-1925), advogado e político dos Estados Unidos. Foi Secretário de Estado dos Estados Unidos da América. Membro do Partido Democrata, foi candidato à presidência dos Estados Unidos em três ocasiões: nas eleições de 1896, de 1900 e de 1908. Em todas foi derrotado pelos candidatos do Partido Republicano.

3. Maria Helena Cardoso chegou ao cargo de treinadora da Seleção Brasileira de Basquete Feminino em 1986. No ano seguinte, conseguiu a medalha de prata nos Jogos Pan-Americanos de Indianápolis de 1987. Em 1991 levou a equipe, liderada por Magic Paula e Hortência, à medalha de ouro nos Jogos Pan-Americanos de 1991, em Havana, vencendo a seleção de Cuba na final. Também obteria neste mesmo ano a inédita classificação da equipe feminina para os Jogos Olím-

picos de Barcelona de 1992. Em sua primeira participação olímpica, a seleção sob seu comando alcançaria o 7º lugar. Ao fim desta competição, deixaria a seleção.

4. Thomas J. Peters, conhecido como Tom Peters, é um guru da gerência de negócios, de 1970 até o presente. Seu primeiro grande livro (em coautoria com Robert Waterman), *Em Busca da Excelência*, foi editado em português como *Vencendo a Crise*.

4 O Gato no Telhado

"Nada viaja mais rápido que a velocidade da luz com a possível exceção de más notícias, que obedecem a suas próprias leis."

Douglas Adams

O funcionário liga para o chefe, que está viajando, e diz:
— Bom dia, doutor. Tenho uma péssima notícia para o senhor.
— O que aconteceu, Alfredo?
— O seu gato morreu.
— Alfredo, não é assim que se dá uma notícia dessas! – Repreendeu o patrão. – Deveria ter começado dizendo que meu gato havia subido no telhado, depois que havia escorregado e que com a queda se feriu gravemente e, finalmente, quando dissesse que ele tinha morrido, eu estaria mais preparado para a notícia... Entendeu?
— Perfeitamente!

Passados alguns dias, o funcionário volta a ligar para o chefe, ainda em viagem.
O chefe atende e pergunta:
— Tudo bem por aí, Alfredo?
— Sim, aqui está tudo ótimo, doutor. Ah, a sua mãe subiu no telhado...

A expressão "o gato subiu no telhado", descrita nessa antiga piada, tem sido utilizada ao longo do tempo para expressar que estamos no limiar de um desastre ou já vivenciando um.

Neste capítulo também se trata de um gato. Outro tipo de gato.

Era tarde da noite. Eu morava em um sobrado e já havia me deitado. Repentinamente, ouvi passos, que pareciam vir do telhado da garagem. A adrenalina fez meu coração disparar. A janela de meu quarto dava exatamente para o telhado de onde vinha o ruído de passos.

Eu estava paralisado de medo, esperando o momento em que o ladrão forçaria a janela e entraria no meu quarto de arma em punho. Esse sofrimento deve ter durado menos de um minuto, mas pareceram horas.

Depois de algum tempo comecei a achar que, se fosse mesmo um ladrão, ele estaria com mais medo do que eu, uma vez que não tomava a decisão de forçar a veneziana.

Criei coragem e decidi abrir a janela. Do lado de fora, sobre o telhado da garagem, em vez de um ladrão, havia apenas um gato que se assustou e saiu em disparada.

Acredite ou não, esse episódio real me ajudou muito na carreira. Aprendi a distinguir alguns gatos no telhado dos gatos da piada. Já utilizei essa minha desagradável experiência, muitas vezes, com as equipes que dirigi.

Tendemos a Ver o que Queremos

Vivemos, muitas vezes, confundindo o gato da piada com o gato no telhado.

Às vezes, costumava utilizar a expressão "É apenas um gato no telhado...", seguida obviamente da minha história, quando ouviam a frase pela primeira vez. Meu objetivo era ensiná-los a separar os verdadeiros problemas daqueles que criamos em nossas mentes, sem ter de passar pelo terror que vivenciei.

Com o tempo consegui descobrir vários gatos, muitos deles com a ajuda de meus liderados.

— *Pode me dar um exemplo?*

Vou dar um exemplo bem genérico, que talvez o ajude a entender melhor este conceito.

Nos anos 1980, fui promovido ao cargo de gerente executivo. Na empresa em que trabalhava, essa promoção significava ultrapassar uma barreira enorme. Eu passara a ser um dos setenta executivos de primeira linha, entre mais de 13 mil funcionários.

Minha promoção trouxe também alguns privilégios. O mais visível e mais imediato era o direito a ter um carro da empresa e estacioná-lo nas vagas reservadas para os gerentes executivos. Os demais funcionários estacionavam bem mais longe, em um estacionamento geral.

Para ter acesso a essas vagas especiais, colocavam um selo azul com o logotipo da empresa, no lado superior esquerdo do para-brisa. Assim fizeram com o meu carro particular, enquanto o novo estava sendo adquirido.

O tal selo vinha protegido no verso por um papel branco que, simplesmente, esqueci de retirar, de tal forma que, ao ver o selo pelo lado externo do vidro, parecia algo como uma fina moldura branca ao redor do selo azul. Por uma questão de segurança, éramos obrigados a estacionar de ré, de modo que os para-brisas ficavam voltados para a calçada.

No primeiro dia, estacionei em uma das tais vagas. No restaurante da empresa, durante o almoço, alguns colegas começaram a me perguntar o que mudaria no sistema de estacionamento. Não entendi o motivo da pergunta, e, quanto mais tentava demonstrar que não tinha conhecimento a respeito de nenhuma mudança, mais eles pareciam desconfiar da minha sinceridade.

— *Você já não é mais o mesmo... Mal acabou de ser promovido e já vai começar a ocultar as novidades dos colegas?*

Fiquei perplexo, até que resolvi questionar um colega sobre o que os levara a crer creditar que eu poderia saber algo sobre as "novas regras" do estacionamento. Para minha surpresa, ele disse que eu era o primeiro a receber o selo com a moldura branca, portanto...

Nem conseguia imaginar o que seria a tal moldura, até que fui ao meu carro e entendi que era apenas mais um gato no telhado.

Pode parecer maldade, mas deixei o "gatinho" no para--brisa por mais alguns dias.

Quando tudo está calmo demais, ficamos ansiosos pela próxima tempestade e, caso ela chegue, ficamos relembrando os tempos de bonança.

Aprendi rapidamente que problemas existem para ser resolvidos. Entretanto, levei mais tempo para aprender que não há necessidade de solução quando não há problema.

Pode até parecer óbvio, mas, acredite, já vi dezenas, talvez centenas de casos em que os problemas simplesmente não existem ou são de complexidade e proporção muito menores do que projetamos em nossas mentes.

Ao tentar solucionar problemas que não existem, desperdiçamos recursos e perdemos o foco para o que realmente nos ajudaria a atingir as metas cruciais para o sucesso do negócio.

Aquilo que imaginamos sobre certas situações nos afeta mais do que as próprias situações vividas. A saída, nestes casos, é tentar mudar seu estado de consciência.

— *Parece brincadeira! Acredita que sua sugestão é viável? Acredita que vou sair por aí mudando meu estado de consciência como se fosse um alienígena com alguma capacidade sobre-humana?*

Calma. Não será necessária nenhuma habilidade sobre--humana. Minha sugestão vem acompanhada da metodologia.

A Ideia que Temos das Coisas Nos Afeta Mais do que as Coisas Propriamente Ditas

Sugiro que aplique o binômio observação/reflexão, ou seja, para cada situação na qual perceber que talvez os fatos se confundam com as emoções e que isso possa atrapalhar sua capacidade de separar os gatos no telhado dos verdadeiros problemas; observe e reflita.

Observação

A observação permite avaliar a realidade, desde que não se deixe influenciar por prejulgamentos ou por situações similares já vividas.

Procure separar os fatos dos julgamentos ou das suposições.

Alguns exemplos de perguntas que podem ser feitas a si mesmo:

"Estou ouvindo passos ou estou imaginando passos?"

"São passos humanos?"

"Meu cliente está realmente com um problema de qualidade ou está criando um subterfúgio para pressionar uma redução de preços?"

"Estou ouvindo fatos ou são explicações sem embasamento?"

"Temos um problema de qualidade ou nosso cliente não tem competência ou tecnologia para utilizar nosso produto de forma adequada?"

"É um fato ou uma opinião?"

Como disse Platão:

"Opinião é o meio-termo entre conhecimento e ignorância".

Reflexão

A reflexão permite separar o que é real do que está sendo afetado por suas emoções ou experiências anteriores, mas nem sempre correlacionadas com a realidade. Exclua as emoções do que está vendo ou ouvindo e fique apenas com os fatos.

— *É mais fácil dizer do que fazer.*

Nem precisa dizer isso, pois concordo. É difícil, porém, uma vez que consiga visualizar apenas os fatos, a situação torna-se muito mais simples, e as soluções, muitas vezes, surgirão naturalmente.

Enquanto eu acreditar que existe um ladrão do outro lado de minha janela, a consequência será idêntica à que teria se realmente o ladrão estivesse lá. Ficarei paralisado, caso ele esteja do lado de fora ou se trate apenas da minha imaginação.

Ao "parar" por causa de um problema imaginário, estará atrasando os processos decisórios e de execução de sua empresa, da mesma forma que faria se o problema fosse real; portanto, se achar alguns gatos no telhado, estará naturalmente melhorando seu desempenho e o de sua equipe.

Ao refletir, você isolará os problemas que realmente merecem sua atenção e poderá utilizar os recursos disponíveis de forma muito mais eficaz.

— *Tudo bem, mas o que faço com os problemas que encontro?*

Resolva-os! Problemas existem para serem resolvidos. Em meu livro anterior, *Fui Promovido! E Agora?*, escrevi sobre solução de problemas no capítulo "Está Complicado!", o qual aborda os conceitos de *KISS*, *Navalha de Occam* e *Os Seis Criados de Kipling*, que são muito úteis para simplificar os problemas a um nível que seja possível resolvê-los.

5 Está Quase Pronto

"Amanhã é o único dia do ano que tem apelo para um preguiçoso."

Jimmy Lyons[1]

Se apenas pensar em ler este capítulo mais tarde, já estará procrastinando.

O melhor exemplo coletivo de procrastinação[2] que conheço, no Brasil, é a entrega da declaração anual do imposto de renda.

Não importa a data que seja estabelecida pela Receita Federal, mesmo assim muitos brasileiros deixam para o último dia, digo, deixam para após as 23 horas do último dia, ou melhor, muitos deixam para as 23h59, do último dia. Os que não conseguem fazê-lo, em geral colocam a culpa no sistema da Receita Federal, nos prazos exíguos, na lentidão da internet etc. Já ouviu alguém reconhecer a própria negligência, nesse caso?

Não é privilégio de nós, brasileiros. Você acreditaria se eu dissesse que em 2009 ocorreu a 6ª Conferência Bianual sobre Procrastinação[3]? Pois acredite! Mais de uma década discutindo o tema até os dias atuais. Essa conferência, na York University em Toronto, Canadá, teve o tema "Procrastination, Stress, and Well-being". Acreditaria ainda que a 7ª Conferência Bianual sobre Procrastinação já estava agendada para julho de 2011, na Universidade de Amsterdam, na época em que este capítulo foi escrito? Compreenda que esse assunto é tão importante que merece sua atenção e esforço para sair dessa situação.

— *Lá vem você, de novo, me prejulgando!*

Desculpe-me, mas suponho que você seja um brasileiro típico e, algumas vezes, deixe algo para amanhã, ou mesmo para o último minuto.

Caso prefira, imagine que o que vou dizer não é diretamente aplicável a você. Pense que poderá utilizar para orientar um subordinado que vive com dificuldades para cumprir prazos.

Estou convicto de que procrastinar traz graves consequências tanto para a carreira das pessoas como para as empresas onde trabalham, portanto o que interessa aqui é discutirmos algumas dicas de como sair dessa situação.

Como disseram Tom De Marco e Timothy Lister[4]: "Há muitos modos de perder um dia de trabalho, mas nenhuma para ter um dia de volta".

"... para determinar se um comportamento pode ser classificado como procrastinação há três critérios[5] estabelecidos. Tal comportamento deve ser contraproducente, desnecessário e protelatório."

Procrastinar é simplesmente deixar de fazer algo importante em um determinado momento e se ocupar de coisas menos prioritárias. Às vezes, acreditamos que encontraremos um estado de espírito melhor, um momento melhor, um dia melhor para começar algo importante.

À medida que procrastinamos, nos colocamos sob pressão pela própria escassez do precioso bem que dispúnhamos em abundância e desperdiçamos: o tempo.

As pessoas acabam se emaranhando em um número crescente de assuntos importantes com pouco tempo para tratá-los adequadamente. A consequência é a queda de produtividade e a piora do desempenho pessoal, afinal, caso não se lembre, você será sempre avaliado pelos resultados, e não pelo seu esforço pessoal.

Se você "vestiu a carapuça", pode ser que esteja sendo controlado por seu próprio mau hábito de deixar para mais tarde o que pode iniciar agora.

— *Tem cura?*

Assim como fazem os médicos, vou propor a você que pesquise os sintomas para depois propor o tratamento. Veja se reconhece alguns dos sintomas no quadro a seguir:

Sintoma 1: Situações frequentes de baixa produtividade.
Você sente que produz menos do que já conseguiu fazer no passado.
Sintoma 2: Sempre trabalha mais horas e "a pilha" de assuntos a tratar só aumenta.
Não importa quanto se esforce, parece que sempre está devendo mais do que no dia anterior. Aliás, um sintoma muito importante é quando você tem apenas uma pilha, pois isso quer dizer que você está colocando juntos assuntos de prioridades diferentes. Apenas por não conseguir priorizar os assuntos antes de colocá-los na pilha correspondente, estará praticamente garantindo que alguns assuntos importantes serão tratados depois de cuidar de outros de menor importância ou gravidade.
Sintoma 3: Você tem a impressão de que está trabalhando dia e noite.

Não consegue mais desfrutar de momentos de lazer e, mesmo assim, seu chefe continua cobrando os relatórios atrasados. Está no cinema, mas absorto com os problemas acumulados e não consegue desfrutar o momento. Seus clientes começam a reclamar que não recebem as informações nos prazos combinados etc.
Sintoma 4: Sente autocomiseração.
Sente-se culpado por seu desempenho medíocre. Quando pensa em seu desempenho, sente vontade de chorar. Começa a sentir na pele o significado da palavra estresse.
Sintoma 5: Procrastinar já se tornou um hábito.
Este sintoma, em geral, é mais facilmente identificável por alguém que não seja o próprio paciente.

Apenas um dos sintomas anteriores, esporadicamente, pode não significar nada além de uma fase na qual há mais para ser feito do que é humanamente possível. O real problema ocorre quando alguém está apresentando, simultaneamente, alguns desses sintomas.

O "médico", nestes casos, teria a grande inclinação em diagnosticar que tal pessoa estaria sofrendo de procrastinação.

Esse "paciente" acaba entrando em um círculo vicioso, no qual não é possível distinguir se a queda de produtividade é resultado do estresse ou o contrário.

Por alguns momentos, imagine que essa pessoa poderia ser você.

— *Doutor, como contraí isso? Tenho cura?*

Ainda não conhecemos muito bem a origem dessa enfermidade. Não sabemos como começa, mas tenho uma boa notícia: sabemos como controlá-la. Você nunca poderá considerar-se completamente curado, mas conseguirá manter "a doença" sob controle e ter uma qualidade de vida razoável.

— *Pelo menos isso. Pode me passar a receita. Tem genérico?*

Sim, existem alguns "remédios" que o ajudam a sair do círculo vicioso em que se meteu.

Ao encontrar seu próprio caminho rumo à melhora no desempenho, poderá desenvolver outras técnicas pessoais, que também funcionarão tão bem quanto as que vou sugerir.

Veja a seguir sete sugestões para você mudar o hábito de deixar as coisas complicadas para mais tarde:

1. Estabeleça metas objetivas e claras para si mesmo.

    Muitas vezes, pelo simples fato de não compreendermos corretamente o que tem de ser feito, ou como devemos medir o sucesso de uma meta, ação ou tarefa, deixamos seu início para mais tarde.

    Não estou sugerindo que inicie uma tarefa sem ter clareza absoluta do resultado esperado, mas que vá atrás dessa definição o mais rápido possível. Quanto menos tempo levar para iniciar uma tarefa crítica, mais tempo terá para concluí-la com êxito. Discernir sobre o que é realmente crítico do que é secundário é fundamental.

2. Não subestime a dificuldade de cada desafio.

    Às vezes, até conseguimos iniciar uma tarefa rapidamente, mas, ao nos depararmos com prazos irreais, acabamos desmotivados e acreditamos estar diante de um grande desafio quando, na verdade, estamos apenas nos colocando sob uma pressão maior do que podemos suportar.

    Seja justo consigo mesmo, estabelecendo prazos adequados ou negocie-os com seu superior ou cliente.

    Como líder, lembre-se de estabelecer metas e prazos realistas para sua equipe.

3. Defina claramente qual é o padrão de qualidade aceitável para uma determinada tarefa.

    Um dos grandes motivos para o baixo desempenho individual é que, muitas vezes, não concluímos uma tarefa por falta de uma referência clara do que é aceitável como resultado.

Não saber qual a medida aceitável pelos nossos clientes (incluindo o próprio chefe) nos leva a agir com mais insegurança do que o necessário.

Não sou contra um pouco de insegurança, desde que seja em um nível que nos deixe mais atentos e cuidadosos. Quando passa do limite, acabamos sofrendo do mal da estagnação, pois não entregamos nada. Atualmente, o desempenho excepcional é incompatível com a insegurança excessiva.

4. Tente lutar contra o medo de errar ou medo de ser mal avaliado.

A melhor maneira de não errar é não tentar, mas essa é também uma maneira infalível para o fracasso.

Procure afastar o medo de errar e trabalhe com o melhor de suas competências. Mesmo que falhe, terá feito o melhor, o que supera largamente o fracasso pela inércia.

Perceba se sente medo quando precisa tomar uma decisão sem ter todos os dados em mão, em que o risco de errar é maior.

A insegurança ou o medo de errar são inimigos mortais para quem pretende ter um desempenho excepcional.

Você precisa ter um índice de acertos maior do que o índice de erros e, além disso, seus acertos devem "fazer a diferença", mas não acertará sempre.

5. O ótimo é inimigo do bom.

O perfeccionismo[6] é um defeito! Os perfeccionistas não concluem muitos dos projetos, pois estes ainda poderiam ser melhorados. Isso pode até ser verdade na maioria das vezes, mas essa atitude não leva ninguém para muito longe. Ficam estagnados nas etapas de planejamento, revendo, refazendo, melhorando, até que não faça mais sentido concluir o que começaram ou não faça mais sentido iniciar o projeto, pois o concorrente já está muito distante para que possa alcançá-lo.

6. Afaste os "gatos do seu telhado".

Voltando ao Capítulo 4, identifique os seus próprios gatos no telhado e esqueça-os.

Pare de tentar resolver tudo que aparece na sua frente! Resolva apenas os problemas reais, não os imaginários. Diminua o tamanho da "pilha".
7. Não aceite que coloquem mais "macaquinhos nas suas costas".
Preste atenção nas tarefas que são "jogadas" sobre você. Se for delegação de baixo para cima, acorde e devolva. Muitos subordinados adoram passar para seus líderes tarefas de sua responsabilidade.
Peça para não o copiarem em mensagens em que percebe que está sendo usado.
Se um liderado "mandar um recado implícito" a um colega, como por exemplo: "Copiei meu chefe, portanto, cuidado com o que vai dizer, ou fazer...", chame o subordinado e peça para mudar de atitude. Eventualmente terá de conversar com o chefe do outro interlocutor para que alinhem o discurso. Com isso, você poderá reduzir substancialmente o número de mensagens que recebe diariamente, ficando menos penosa a missão de classificar, por ordem de prioridade, as que restaram.

Existem muitas outras causas para a procrastinação, inclusive o medo do sucesso, mas creio que as que mencionei anteriormente são suficientes para ajudá-lo a começar hoje o que é realmente importante. Caso contrário, aceite a sugestão de Mark Twain: "Nunca deixe para amanhã o que pode fazer depois de amanhã".
— *Muito obrigado! Como já é tarde, paro de procrastinar amanhã, sem falta! Depois de amanhã, pensando melhor...*

Notas e Referências

1. Tradução livre da citação "Tomorrow is the only day in the year that appeals to a lazy man", de Jimmy Lyons (1931-1986), um saxofonista nascido em New Jersey.

2. Segundo o Dicionário Aurélio, *procrastinar* é transferir para outro dia, adiar, delongar, demorar, espaçar. Segundo a Wikipédia, vem do latim, da união das palavras *pro* e *crastinus* (crástino, de amanhã), significando originalmente "deixar para amanhã".

3. A proposta da conferência era discutir a ligação entre procrastinação, estresse e bem-estar físico e mental. Consultada no site: <http://web2.uwindsor.ca/courses/psychology/fsirois/Procrastination_Conference.htm>.

   A 7ª conferência foi agendada para julho de 2011 na Universidade de Amsterdã, na Holanda. Este capítulo foi concluído antes dessa conferência ocorrer.

4. Tradução livre da citação: "There are a million ways to lose a work day, but not even a single way to get one back", de Tom DeMarco e Timothy Lister.

5. Schraw, G., Wadkins, T. & Olafson, L. (2007). "Doing the things we do: A grounded theory of academic procrastination" [Electronic version]. *Journal of Educational Psychology,* vol. *99(1)*, p. 12-25. Tradução livre de: "… have proposed three criteria for a behavior to be classified as procrastination: it must be counterproductive, needless, and delaying".

6. "O perfeccionismo vem associado à crença de que errar ou falhar é um pecado. Assim, essas pessoas trabalham para não errar ou errar muito pouco; consequentemente, reduzem os riscos envolvidos errando menos, porém, em geral, com resultados medíocres. Essas pessoas deveriam buscar atividades de baixa competição e que exigem precisão, e não criatividade ou inovação, elementos comuns em um mundo extremamente competitivo." (Trecho retirado do livro *Fui Promovido! E Agora?*)

6 O que Deus Não Dá

*"Diz que deu, diz que Deus,
diz que Deus dará,
Não vou duvidar, ô nega
e se Deus não dá,
como é que vai ficar, ô nega?"*[1]

Chico Buarque de Holanda

Descobri, com algum sofrimento, que um de meus maiores erros foi tentar transformar quase todos os meus subordinados em profissionais de alto desempenho. Eu simplesmente acreditava que poderia.

Meu erro não foi lutar para que todos evoluíssem – afinal é uma obrigação de qualquer gestor –; entretanto, ao tentar transformar, alguns deles, em algo que não poderiam ser, simplesmente por serem desprovidos das "ferramentas" pessoais necessárias, acabei por infligir um sofrimento desnecessário, reduzi as chances de sucesso de meu departamento e, provavelmente, causei um custo desnecessário à empresa.

— *E ainda acredita que pode ficar aí me dando palpites?*

Talvez seja petulância, mas creio que, ao mostrar meus erros, proporcione ao leitor uma grande oportunidade de aprender sem ter de cometê-los.

Acredito que seja mais sensato e mais rápido aprender com os erros dos outros, embora nem sempre seja isso o que buscamos.

Como disse Douglas Adams[2]: "Seres humanos são praticamente os únicos com a habilidade de aprender através da experiência dos outros e são também notáveis pela aparente inclinação para não fazê-lo".

Ao compreender que teria de aceitar as limitações de alguns dos meus liderados, deparei-me com um ditado muito utilizado por treinadores de futebol americano, o qual traduz objetivamente o que levei anos para aprender: "Não dá para tirar de alguém o que Deus não deu".

Simples e sábio, não acha?

— *Parece fácil, mas já me acostumei com o fato de que nem sempre o que parece fácil...*

Concordo. Para entender o conceito, pretendo utilizar o campo dos esportes.

Atualmente, não conseguiríamos transformar um jovem de 1,60 m em um jogador profissional de vôlei. Não importa quão determinado e talentoso seja o indivíduo, quão competente seja o treinador, Deus não deu a esse jovem um dos atributos fundamentais para os jogadores de alto nível no voleibol dos dias atuais: a altura. Por outro lado, ser alto também não será suficiente para se ter sucesso nesse esporte.

Para alguns esportes, altura é um atributo necessário, sem dúvida, mas nunca o suficiente. Um jovem de 2,10 m sem atitude e talento adequados não chegará longe em um esporte de alto rendimento.

Basta imaginar, rapidamente, os atributos de um bom gestor, e verá que alguns simplesmente nunca poderão competir no mesmo nível dos demais, simplesmente porque "Deus não lhes deu" os atributos fundamentais. Outros terão os atributos necessários, mas não a atitude. Dá no mesmo.

Acredito que todos, indistintamente, podem evoluir – aliás, essa é a essência deste livro –, porém nem todos atingirão um desempenho excepcional.

Meu erro foi esquecer isso e tentar substituir a falta de alguns atributos por outros ou, pior, tentar fazer com que "jogassem basquete" quando não tinham "estatura" adequada para isso.

Podemos e devemos aprimorar nossas habilidades e as de nossos liderados, mas precisamos de uma base que é impossível construir. Posso ensinar técnicas para a solução de problemas, mas não posso aumentar o quociente intelectual de um liderado. O limite de inteligência virá com ele.

Demorei anos para entender que minha responsabilidade terminava onde começava a limitação dos meus liderados.

— *Desculpe-me, mas o que tenho a ver com isso? Não seria melhor fazer umas sessões de terapia em vez de utilizar algumas páginas tentando sublimar seus fracassos?*

Talvez sim, mas minha intenção é alertá-lo para um tipo de erro muito comum e pouco abordado na literatura empresarial.

O que espero é que aprenda, mais rapidamente do que eu, que algumas pessoas simplesmente atingirão seu limite antes que outras.

Alguns profissionais poderão ser auxiliados em seu crescimento quase indefinidamente. Outros não!

Além disso, se você aprender a identificar os limites de seus liderados, aprenderá a identificar também as competências que poderão crescer acima da média dos demais. Sendo assim, poderá realmente ajudá-los. Como disse Chico Buarque no samba *Partido Alto*:

"Deus me deu mão de veludo prá fazer carícia
Deus me deu muita saudade e muita preguiça

Deus me deu perna 'cumprida' e muita malícia
Prá correr atrás da bola e fugir da polícia
Um dia ainda sou notícia".

Desenvolva seus "craques" nos atributos que eles têm, mas respeite seus limites.

Confiança e Competência

É mais eficaz buscarmos o melhor em cada um do que simplesmente gastar um tempo exagerado para buscar os melhores. Seu time precisará de alguns "foras de série", mas não tente montar um time apenas com "foras de série". Custará muito tempo e dinheiro, além de muita energia de sua parte para mantê-los "agrupados".

Assim como podemos produzir um diamante artificial, submetendo o carvão a grandes pressões e temperaturas, podemos também formar líderes submetendo-os a grandes desafios e pressão controlada. Mas lembre-se de que nem todo pedaço de carvão se transformará em um diamante.

Saiba diferenciar confiança de competência, pois são coisas bem distintas. Enquanto confiança é função da atitude, competência é função de habilidades.

— *Explique, por favor.*

Quando alguém acredita que consegue fazer algo, isso é classificado de atitude. Se essa pessoa, além de acreditar, for realmente capaz de fazê-lo, isso é o que chamamos de competência. Ambas são essenciais para o sucesso.

— *Então qual é a "pegadinha"?*

Atitude se desenvolve, mas talento não! Lembre-se: formar líderes não é treinar, mas sim desenvolver pessoas. Portanto, escolha pessoas com atitude correta e habilidades requeridas para a função que ocuparão.

Transforme seus liderados em "notícia"!

Notas e Referências

1. Versos da letra do samba *Partido Alto*, de Chico Buarque de Holanda.

2. Douglas Noël Adams (1952-2001) foi um escritor e comediante britânico, famoso pela série de rádio, jogos e livros *The Hitchhiker's Guide to the Galaxy*. Comumente é referenciado pelas iniciais de seu nome: DNA. A citação é uma tradução livre de "Human beings, who are almost unique in having the ability to learn from the experience of others, are also remarkable for their apparent disinclination to do so".

7 Rãs no Balde de Creme

"Embora ninguém possa voltar atrás e fazer um novo começo, qualquer um pode começar agora e fazer um novo fim."

Chico Xavier

Duas rãs saltitavam em uma fazenda e, ao entrarem no celeiro, caíram em um balde de creme de leite.

Depois de um bom tempo tentando sair do balde, uma das rãs, já cansada, disse à outra:

— É melhor desistirmos, não aguento mais.

— Continue mais um pouco – retrucou à amiga – Nós conseguiremos sair, acredite.

— Não dá mais... Vamos morrer! Vamos morrer!

Ao dizer isso, a pobre rã parou de lutar e afundou no creme de leite, afogando-se.

A outra rã tentou mais um salto.

Nada!

Mais um...

Nada! Já começava a acreditar que teria o mesmo fim da amiga, e, num último esforço, arriscou o que seria sua última tentativa. Nesse exato momento, ao saltar, o creme de leite se transformou em manteiga. A ranzinha caiu sobre a massa sólida, ainda perplexa e sem compreender o que ocorrera, descansou alguns segundos e saltou para fora do balde.

— *História de rãs... Será que terei o direito de saber aonde pretende chegar com isso?*

Minha intenção é discutir quatro aspectos do comportamento humano, os quais acredito que sejam fundamentais para separar os que têm sucesso dos que fracassam: perseverança, constância de propósitos, determinação e foco.

Assim como a primeira rã nessa fábula de La Fontaine, muitos de nós simplesmente desistimos, paramos de tentar sair do balde, sem saber que estamos muito perto de conseguir algo "mágico".

Perseverança

Qual o seu limite de tolerância ao fracasso? Qual a sua capacidade de lutar em vez de simplesmente se deixar "afogar no creme de leite"? Qual a sua capacidade de continuar tentando, mesmo que os resultados das tentativas não tragam nenhum sinal alentador? Qual a sua capacidade de manter sua equipe "nadando no creme de leite", mesmo quando você não tem a menor ideia de como encontrar uma saída?

Perseverar é, entre outras coisas, um exercício de paciência. Perseverar é conviver com os insucessos sem pensar em fracassos, encarando-as apenas como mais algumas tentativas que não funcionaram.

A ex-primeira ministra do Reino Unido, Margareth Thatcher, conseguiu juntar os conceitos de perseverança e paciência com extrema precisão ao dizer: "Sou extraordinariamente paciente, desde que finalmente consiga o que quero".

Constância de Propósitos

Conseguir o que queremos é mais fácil se mantivermos um firme propósito. Se estivermos pensando em mudança, nada mais oportuno que o tema da constância de propósitos.

Pode soar aparentemente antagônico, mas não é viável mudarmos se não tivermos o firme e imutável propósito de fazê-lo. Como afirmou Abraham Lincoln: "Nunca devemos mudar de cavalo no meio do rio".

A única coisa que não pode alterar, durante um processo de mudança, é nossa própria vontade de conseguirmos as mudanças desejadas.

William Shakespeare coloca bem a questão do propósito: "Todas as graças da mente e do coração se escapam quando o propósito não é firme".

Determinação

Determinação é uma atitude, não uma qualidade.

"Bom mesmo é ir á luta com determinação, abraçar a vida com paixão, perder com classe e vencer com ousadia, pois o triunfo pertence a quem se atreve... A vida é muito para ser insignificante."

Charles Chaplin

Determinação não é encontrar a porta certa, mas sim bater na porta até que alguém a abra.

Maya Angelou[1] disse: "Se não gosta de algo, mude. Se não puder mudar, mude sua atitude".

Foco

Não sei se concordará comigo que, em se tratando de foco, Michael Jordan é um grande exemplo, não apenas no mundo do basquete, mas para todos nós. Ele disse: "Não estou lá suando por três horas todos os dias apenas para descobrir a sensação de suar"[2].

—*Sim, parece uma boa frase de efeito, mas pode me explicar como posso melhorar minha capacidade de focar?*

Não é uma frase de efeito apenas, ela explica que Jordan não perdia o foco, não esquecia o seu propósito, mesmo nos treinos.

Peter Drucker acreditava tanto na importância de mantermos nosso foco como na importância de mantermos nossas equipes focadas: "As organizações fracassam quando as pessoas têm que adivinhar no que o chefe está trabalhando e invariavelmente erram na adivinhação. Assim, o presidente tem que dizer: 'O meu foco é este'. Então o presidente deve perguntar ao seu pessoal: — E você, qual é o seu foco? No que você está focando? Deve perguntar: — Por que você está colocando isso que está fazendo como prioridade?".

Vou dar um exemplo pessoal que esclarece o conceito. Quando criança, eu gostava de brincar ao sol com uma lente de aumento. Colocava fogo em um pedaço de papel apenas focando os raios de sol concentrados em um ponto fixo do papel. Para mim, aquilo era mágico! Os mesmos raios de sol que me aqueciam eram capazes de incendiar um pedaço de papel!

Ao pensar em uma forma para expressar o que entendo por foco, esse exemplo da lupa é a parábola mais adequada que pude encontrar.

Aprendi que não bastava que os raios de sol convergissem para um ponto. Os raios concentrados deveriam manter-se estáveis em um mesmo ponto, por um intervalo de tempo suficiente para que a temperatura subisse até o ponto de ignição do papel.

Imagine agora uma situação difícil que tenha enfrentado; busque reproduzir em sua mente o método que utilizou para resolver o problema ou sair da situação. Defina se sua "lupa" estava focada em um ponto crucial e, caso estivesse, se você manteve o "foco fixo" nesse mesmo ponto até a "ignição" da solução do problema.

Após aprender a incendiar um pedaço de papel com minha lupa, busquei um desafio maior. Minha próxima "missão" foi fazer o mesmo com uma formiga! Lembre-se de que naquela época a consciência ecológica era bem diferente da que temos hoje. Após minhas desculpas aos ecologistas de plantão, o que interessa, nesse exemplo, é mostrar o que chamo de foco fixo em um alvo móvel, que se assemelha muito ao que vivemos em nosso dia a dia nas empresas.

Aprenda a focar em alvos móveis!

Notas e Referências

1. Tradução livre da frase de Maya Angelou: *"If you don't like something, change it. If you can't change it, change your attitude"*.

    Marguerite Ann Johnson (Maya Angelou) nasceu em St. Louis, Missouri, no dia 4 de abril de 1928. Aos 17 anos, Maya se tornou a primeira motorista de ônibus negra em São Francisco, e tornou-se mãe solteira ao dar a luz ao seu primeiro filho, em uma época em que isso não era comum; em anos posteriores, ela se tornou a primeira mulher negra a ser roteirista e diretora em Hollywood. Angelou teve uma carreira longa e distinta: é poeta, escritora, ativista de direitos civis, historiadora, entre outras coisas. Ela também é atriz, dançarina e cantora, tendo atuado na peça de Jean Genet *The Blacks* e no aclamado seriado *Roots*, ganhador de um Emmy. Angelou provavelmente é mais conhecida por seus trabalhos autobiográficos, que incluem *I Know Why the Caged Bird Sings* e *All God's Children Need Travelling Shoes*.

2. Tradução livre da frase de Michael Jordan: "I'm not out there sweating for three hours every day just to find out what it feels like to sweat".

8 Diamantes Cor-de-rosa

"... o comportamento é previsível, o desempenho não."

Joseph Daniel McCool[1]

Em novembro de 2010, a Sotheby´s, de Genebra, levou a leilão um anel com um diamante cor-de-rosa de 24,78 quilates. Essa pedra foi considerada pelo Instituto Gemológico da América (GIA) como pertencente a uma categoria rara a que fazem parte menos de 2% dos diamantes do mundo em razão do seu tamanho. O anel foi vendido por pouco mais de 46 milhões de dólares.

Por que uma simples pedra valeria tanto?

David Bennet, diretor da Sotheby´s, explicou que a pedra era a mais importante a ir a leilão em mais de trinta anos. Explicou que uma das razões para a sua importância seria a raridade.

Assim como diamantes cor-de-rosa de extrema pureza, times de grande talento ou de alta performance também não são encontrados cavando buracos no fundo do nosso próprio quintal. Um time de alta performance se assemelha a uma joia produzida com uma pedra rara.

Caso pretenda mostrar resultados excepcionais, monte um time "fora de série"!

A boa notícia é que, enquanto não encontrarmos "diamantes cor-de-rosa", podemos montar times de alto desempenho com as "gemas" que estiverem à nossa disposição. Certamente precisaremos de algumas "boas gemas" para montar um time desses. Não é impossível, mas é raro um grande time formado apenas por pessoas medianas.

Selecionar pessoas excepcionais é difícil, mas, ao fazê-lo, os resultados terão muito mais chance de aparecer.

Estamos vivendo uma guerra silenciosa, sem bombas, sem batalhas sangrentas, mas de consequências devastadoras para muitas empresas. Trata-se da guerra por talentos!

A maioria das guerras tem início por interesses econômicos, em geral por bens que se tornam escassos, como petróleo, alimentos, riquezas minerais etc., mesmo que a motivação oficialmente declarada seja outra. Esta guerra está sendo travada pelo mesmo motivo. Existe um produto para o qual a demanda é muito superior à disponibilidade: talento.

A questão fundamental é como conseguir os talentos necessários para montar uma equipe de alto desempenho.

Infelizmente, ainda não descobrimos um substituto para o talento. Não podemos encontrar fontes alternativas ao talento. Não acredito na expressão "fábrica de talentos". Sei que até mesmo Jack Welch tem seu nome associado ao termo, pois a General Electric foi considerada uma fábrica de talentos durante sua gestão, mas, em minha opinião, o que tinham era um sistema muito eficiente para "identificar potenciais substitutos para cada cargo" na empresa, o que é ótimo, mas a expressão poderia levar os incautos a acreditar que podemos "fabricar" talentos.

Deixe-me mostrar, por meio de um exemplo, por que não creio nisso.

Poderíamos ensinar mil jovens a pintar, mas não poderíamos garantir que algum deles se transformasse em um gênio da pintura.

O conhecimento pode ser transmitido, mas o talento não.

Se, entre eles, existisse um jovem com um talento excepcional para a pintura, muito provavelmente esse talento afloraria, mas seria algo que já estava latente.

Talento é pessoal, intransferível e insubstituível.

— *Estou confuso. Então não temos nada a fazer?*

Claro que podemos encontrar jovens talentosos e ajudá-los a desenvolverem o seu talento latente. No entanto, não temos nada a fazer quanto a um substituto para um talento específico. Por isso, assim como tendemos a reduzir o desperdício quando algo é custoso, vamos cuidar melhor dos recursos que já dispomos dentro da empresa.

— *Ainda estou confuso.*

Você gastaria, por exemplo, a mesma quantidade de água para escovar os dentes se ela custasse o mesmo que você paga pela gasolina do seu veículo?

É muito mais fácil preservar o meio ambiente quando "dói" no nosso bolso, não acha?

A nossa atitude "ecológica" na área de pessoas é denominada "retenção de talentos". Se não queremos desperdiçar recursos que são escassos, vamos preservar os que temos! É o que sugiro que faça com os talentos de sua equipe.

— *Já que ensinamos princípios de ecologia nas escolas, não deveríamos falar mais de talento nas empresas?*

Aceito a provocação. Acho assustador como tantas empresas e profissionais acreditam que esse tema é secundário.

A maioria dos gestores, de primeira linha, só se lembra dele quando o Departamento de Recursos Humanos solicita que preencham um formulário de Plano de Sucessão para si mesmo e para seus liderados ou quando perdem um funcionário que será de difícil reposição.

Preservar seus talentos é difícil porque, mesmo que esteja satisfeito com os que dispõe, outras empresas considerarão a possibilidade de subtrair alguns.

— *O que devo fazer, então, para não perder os talentos que já tenho em minha equipe? Não pense que esqueci que ainda precisa me explicar como ganhar a tal batalha.*

Seria inocente pensar em reter talentos apenas com melhores salários, benefícios e condições de trabalho, uma vez que todas as empresas organizadas no mercado oferecem ou poderiam oferecer as mesmas vantagens que você.

Certamente ter uma política salarial coerente com o mercado e oferecer uma "cesta" de benefícios adequada são coisas indispensáveis (e óbvias) para não perder pessoas, porém, isso não é suficiente.

Sugiro que pense nas seguintes afirmações:

- Dinheiro não compra motivação. Pode parecer que sim, mas essa "motivação monetária" dura menos do que o tempo que seus liderados levarão para gastar o dinheiro extra.

- Devemos pagar de forma justa e competitiva em relação aos mercados nos quais disputamos pessoas, porém pagar mais do que o mercado demanda não garantirá pessoas felizes e motivadas e que permaneçam na sua organização.

- Pagar mal, certamente, pode causar desmotivação.

- Por princípio, as pessoas buscam duas coisas antagônicas: querem se sentir parte de um grupo vencedor e, ao mesmo tempo, querem ser valorizadas enquanto indivíduos.

- Sua responsabilidade, como líder, é conseguir que sintam que a individualidade está sendo respeitada e valorizada, porém que também possam se sentir participando das conquistas do grupo.

- Pessoas querem direcionamento, mas não querem sentir-se controladas. Querem receber desafios, entendendo claramente para onde devem "remar", mas não querem que suas "remadas" sejam contabilizadas.

- Pessoas querem um líder no qual possam confiar sempre. Integridade.

- Pessoas querem um líder que as respeite e cuide para que o relacionamento líder/liderado seja sempre mantido no nível mais elevado possível.

Cada equipe tem uma "personalidade" própria e necessidades específicas, e você deve administrá-las; entretanto, a personalidade e as aspirações de cada indivíduo não são, necessariamente, similares à personalidade ou às necessidades do grupo a que pertencem.

Seu dever como líder é identificar necessidades, aspirações, ambições, planos e projetos pessoais de cada um e tratá-los individualmente, na medida do possível.

— *Não creio que se trate apenas de ouvi-los. Nem pense em repetir aquela frase das duas orelhas e uma boca.*

Claro que não. Deixe-me dar um exemplo:

Digamos que um dos seus melhores talentos aspire por uma guinada na carreira. Sua avaliação é que ele realmente teria grandes chances de sucesso na função que almeja, porém não há essa função em seu departamento. Você estaria diante do seguinte dilema: se não ajudá-lo, alguém o fará (posso garantir que, na maioria das vezes, será outra empresa). Se ajudá-lo, talvez perca um ótimo colaborador para outro departamento de sua empresa.

— *Se entendi, nesse caso está me dizendo que as minhas duas alternativas levariam à perda do funcionário? Que belo exemplo!*

Seja sincero: não mais justo e ético fazer o melhor pela sua empresa em detrimento do seu departamento?

Em uma das hipóteses você estaria perdendo o talento para outra empresa, talvez até mesmo para um concorrente, o que seria uma perda dupla. Na outra, estaria transferindo o talento do seu departamento para outro. Seu departamento enfrentaria uma perda, mas a sua empresa não!

Reter talentos não significa trabalhar sem perdas pessoais. Quem retém talentos é a sua empresa, não o seu departamento.

— *Mas e se precisarmos de mais pessoas talentosas, como fazemos para "entrar na guerra" com chances de vitória?*

Se precisar de mais petróleo, terá de pagar o preço de mercado ou perfurar poços em locais com maior probabilidade de encontrá-lo.

Se quiser talentos, pagar mais é uma solução até óbvia, porém nem sempre viável, portanto vamos explorar a alternativa.

Existe uma rota similar a perfurar um poço, com duas etapas sucessivas, que denomino "garimpo" e "lapidação".

Garimpo

Fuja da guerra pela conquista de talentos. Aprenda a distinguir simples rochas de pedras preciosas ou semipreciosas, assim não precisará disputar algumas batalhas para conquistar diamantes já lapidados, que todos reconhecem e desejam, mas têm preço elevado.

Aprenda a selecionar pessoas pelo que poderão fazer, não pelo que já fizeram.

Contratamos pessoas pelo que sabem, mas, em geral, costumamos demiti-las pelo que deixam de fazer, não pelo que deixam de saber.

Se quiser pessoas que ficarão mais tempo em sua empresa, aprenda a contratar pelo que poderão fazer por sua empresa, não pelo que fizeram no passado.

Seria como disse Michelangelo: "Eu vi um anjo no mármore e esculpi até libertá-lo".

Aprenda a ver o profissional que será libertado daquela pessoa que está entrevistando.

Aprenda a "ler pessoas", como aprendeu a ler livros. Assim como um bom livro não é definido pela capa, uma pessoa, não necessariamente, é o que está escrito em seu currículo ou o que diz que é.

— *Ler pessoas?* Acho que está tentando me confundir de novo.

Com um exemplo real talvez fique mais fácil entender o conceito.

Um leitor do meu livro *Fui Promovido! E Agora?* me enviou um longo e-mail solicitando sugestões para lidar com um problema que o atormentava. Recentemente havia sido transferido para outro Estado e vivenciava um processo de transição de função. No relato a seguir, que reproduzo parcialmente, todos os nomes são fictícios e o texto foi ligeiramente modificado.

Wagner dizia:

> Alfredo, gerente nacional, é muito inteligente, capacitado, querido na organização e muito atento às questões de relacionamento pessoal, pois, hoje, nossa empresa entende

que a assistência técnica é a melhor forma de nos diferenciar da concorrência, tendo em vista que existem produtos bons e similares no mercado. Infelizmente, no início de sua gestão, ele nomeou Jorge, o melhor vendedor de sua antiga equipe, como coordenador nacional, seu braço direito. Jorge é uma pessoa que conhece plenamente nossos serviços, mas incapaz de lidar com pessoas. Usa seu poder em 'três de cada duas palavras' que pronuncia. Tornou-se uma pessoa temida por vários gestores regionais da empresa.

Ao falar de alguém que estaria criando um enorme problema de relacionamento interpessoal e causando a perda de clientes, Wagner nos deu também algumas informações extremamente positivas sobre Jorge.

Wagner nos disse, por exemplo: "... uma pessoa que conhece plenamente nossos serviços..."; ou ainda "... o melhor vendedor de sua antiga equipe...".

— *Então o que teria dado errado?*

Não tenho informações suficientes para uma conclusão definitiva, mas me arriscaria dizer que Alfredo escolheu Jorge por ser um vendedor excepcional. Seu desempenho extraordinário em vendas teria sido considerado qualificador para o cargo de coordenador nacional.

No e-mail que recebi de Wagner fica claro que a nomeação de Jorge ocorreu no início da gestão de Alfredo. Alfredo, provavelmente, sob pressão, buscou o que consideraria ser mais seguro e mais rápido: promover o melhor profissional que conhecia.

Ter um desempenho excepcional em uma função pode não ser um indicativo de sucesso em outra.

Coloque-se na posição de Alfredo. Ele está buscando um coordenador de equipe de assistência técnica. Imagine que você tem em sua equipe um excelente vendedor e profundo conhecedor dos produtos e serviços. Para não errar como

Alfredo, você deveria se lembrar que um vendedor utiliza competências e habilidades diferentes de um coordenador de equipe. Deveria também avaliar o candidato interno com base nas competências do cargo de coordenador, para não correr o risco de trocar um excelente vendedor por um coordenador medíocre.

O que devemos aprender, nesse caso, é que, ao selecionar alguém, temos de nos esforçar para imaginá-lo no cargo que ocupará e não no cargo que está ocupando no momento da promoção.

Devemos, da mesma maneira, estabelecer claramente as competências e os requisitos do cargo a ser ocupado e, somente então, buscar candidatos que apresentem competências próximas ao conjunto que consideramos o ideal.

Seria algo como evitar colocar um Pablo Picasso como atacante da seleção brasileira de futebol e um Garrincha para pintar um quadro.

— *É só isso? Parece fácil.*

A teoria é simples, mas a execução é muito difícil.

O problema reside na dificuldade natural de medirmos o nível de competência individual, quando não conhecemos o candidato, ou quando o conhecemos, mas não sabemos como se sairá no novo cargo. Como se não bastasse essa dificuldade, temos ainda de enfrentar os "profissionais" em entrevistas. São pessoas que adquirem a habilidade de responder o que você gostaria de ouvir, mas não necessariamente o que você gostaria que fizessem ou pensassem. Alguns são treinados por profissionais para se saírem bem nas entrevistas.

Vou dar um exemplo para que entenda melhor o risco. Quem pratica esportes, utiliza a expressão "leão de treino" para identificar atletas que são muito bons nos treinamentos, mas decepcionam nos jogos oficiais. Em geral, são atletas que não administram bem a pressão e a responsabilidade sobre seus ombros. Em um treino, a pressão é muito menor do que em um jogo oficial, e nessas situações os "leões de treino" se saem muito bem.

Do mesmo modo, eu sugeriria que começássemos a utilizar a expressão "leão de entrevista".

Já errei em muitas avaliações ao me esquecer de que a entrevista não é igual ao ambiente de trabalho, assim como treino não é jogo.

— *O que posso fazer enquanto não desenvolvo essa sensibilidade?*

Nem pense em assumir a responsabilidade total pelo processo de seleção. A primeira avaliação deve ser realizada sempre por profissionais experientes em seleção e recrutamento.

A sua responsabilidade principal está nas etapas anterior (definindo bem o perfil do cargo e as competências que busca) e posterior (em que receberá uma lista de candidatos, já bastante reduzida, pelo profissional de recrutamento e seleção).

Quanto melhor o profissional, ou a empresa de recrutamento e seleção, melhor a qualidade dessa lista de candidatos que você receberá. Nem pense em deixar de fora dessa etapa os candidatos internos. Eles devem ser submetidos ao mesmo processo pelo qual passam os candidatos externos.

Obtenha uma avaliação cuidadosa da vida profissional dos candidatos que passaram pela primeira etapa, com verificações de referências pessoais (chefes anteriores e clientes) e da vida educacional (como o histórico de cursos ou outros eventos de treinamento, dos quais tenham participado nos últimos anos).

Avalie (com a ajuda de profissionais) os aspectos pessoais como: capacidade de gerenciar o próprio estresse; capacidade de ouvir; capacidade de persuadir e convencer; brilho nos olhos (paixão); capacidade de transmitir entusiasmo; nível de inteligência etc.

— *É fácil entender, mas devo concordar com você que não parece tão fácil aplicar. Minha pergunta é: o que devo "olhar" quando* estou buscando um gerente e o que devo "olhar" quando estou buscando um líder?

Conheço muitos profissionais experientes que teriam dificuldade de falar sobre isso. O ideal seria conseguir sempre um gerente com ótimas habilidades de liderança, pois atualmente é cada vez menos provável que um cargo gerencial não demande competência em liderança.

A primeira coisa que deve se lembrar é que o título formal do cargo não transforma a pessoa em um líder. Como no caso de Jorge, o título de coordenador nacional que recebeu não o tornou o líder do grupo que deveria coordenar.

Vou listar as características comuns aos bons líderes e aos bons gestores, o que poderá ajudá-lo a identificá-las em sua equipe ou em eventuais candidatos.

Características Comuns aos Líderes Excepcionais

- São íntegros: fazem o que prometem e prometem apenas o que podem fazer.

- Constroem "pontes" e derrubam "muros" entre os diferentes departamentos ou grupos da empresa.

- São apaixonados e contaminam os outros com essa paixão pelo que fazem.

- Possuem rígidos limites éticos.

- Atuam ancorados nos valores e princípios da empresa e não aceitam negociá-los.

- Equilibrados: possuem forte senso de justiça e o utilizam na administração de conflitos, sem favorecimentos.

- Exercem a liderança pelo exemplo pessoal.

- Buscam o convencimento. São muito bons em persuasão.

- Agem conscientemente: procuram se colocar na posição dos outros antes de tomar uma decisão.

- Buscam sempre a evolução da empresa e da equipe, sem prejudicar clientes e fornecedores.

- São frequentemente citados como exemplos a serem seguidos.

- Acreditam que devem servir sua equipe e não o oposto.

- São facilitadores dos processos da empresa.

- Não temem mudanças. Encaram mudanças como oportunidades. Estão sempre buscando tirar o melhor de cada situação. Não são pessimistas de plantão.

- Sabem reconhecer. Elogiam quando algo é bem feito, mesmo que seja obrigação de quem o fez.

- Sabem compartilhar os sucessos. Expõem e reconhecem suas equipes nos momentos de conquistas.

- Não se escondem quando erram. Sabem assumir a responsabilidade por suas falhas e, também, pelas de seus liderados.

- Possuem um elevado nível de energia e entusiasmo.

- Possuem grande capacidade de adaptação.
- Possuem ótimo discernimento, sabendo distinguir claramente o que é importante e relevante do que não é.

Características Comuns aos Bons Gestores

- São orientados para o resultado.
- São orientados para os clientes, tanto os externos quanto os internos.
- Sabem se comunicar bem (utilizam sempre as formas oral, escrita e gráfica) e se comunicam em todos os níveis da organização de forma adequada a cada nível.
- Equilibrados no binômio "planejamento-execução".
- Apoiam suas equipes, proveem sustentação e recursos necessários para que os liderados atinjam suas metas.
- Sabem utilizar o tempo disponível de forma eficaz.
- Delegam tarefas de forma responsável.
- Sabem priorizar suas ações e as de suas equipes.
- Decidem com bases objetivas: buscam fatos, dados concretos e informações confiáveis para embasar suas decisões.
- Sabem gerenciar adequadamente seu estresse e o de sua equipe.

- Sabem aplicar o nível correto de pressão, nem mais nem menos do que o adequado.

Lapidação

Escolhi o termo *lapidação* por se assemelhar muito com o processo que proponho.

Para entender melhor o processo, voltemos ao exemplo dos alunos de pintura. Ao encontrar um "talento bruto", precisará dar oportunidades para que a pessoa desenvolva essas qualidades, de forma a criar resultados excepcionais.

Muitos gestores experientes confundem potencial com desempenho. Podemos e devemos promover pessoas pelo seu potencial, mas o desempenho excepcional dependerá de muito mais.

A pessoa dotada de potencial precisará de apoio e orientação para modelar esse talento nato e aprender a aplicá-lo de forma eficiente e eficaz, do mesmo modo que um aluno de pintura talentoso precisará de um bom mestre para ensiná-lo os conceitos fundamentais do ofício, como perspectiva, teoria das cores, luz e sombra, etc.

Para entender esse processo, gosto muito da atitude de Michelangelo, enquanto escultor, que dizia: "Cada bloco de pedra tem uma estátua no seu interior e é tarefa do escultor descobri-la".

Com isso, quero dizer que o processo de lapidação pode e deve utilizar também ferramentas formais, como MBA'S, autodesenvolvimento, *coaching*, *mentoring* etc.; porém, será a atitude do "escultor" ou "lapidador" que determinará a qualidade do produto final.

— Se entendi, com esse processo poderemos lapidar algumas pedras, mas poderemos criar um diamante cor-de-rosa? Podemos criar uma obra-prima?

Apesar de considerarmos os diamantes, incontestavelmente, como pedras valiosas, sabemos que podem apresentar enormes diferenças de valor entre si. Raras vezes, surge um diamante cor-de-rosa, de alta pureza, que o distingue ainda mais dos demais.

Algumas vezes, surge um líder capaz de conquistar a admiração de todos à sua volta, até mesmo de seus adversários. Essa "qualidade" só será percebida quando as oportunidades forem dadas ao indivíduo que as possui para exercê-la.

Se conseguir garimpar um desses, certamente se tornará seu superior depois de algum tempo ou o ultrapassará na hierarquia da empresa.

Grandes líderes são invariavelmente movidos por algum tipo de paixão. Essa paixão pode se expressar pela fé na empresa em que atuam, em seu produto, na competência de sua equipe ou, mais provavelmente, em um conjunto delas. Sobre isso, o escritor Napoleon Hill[2] disse: "Tanto o sucesso quanto o fracasso são produtos da fé. A mesma quantidade de energia gasta para fracassar é utilizada para se atingir o sucesso".

Grandes líderes também se distinguem pela atitude. John F. Kennedy, um dos maiores líderes da história, abordou a questão da atitude de forma excepcional ao imortalizar a frase: "Não pergunte o que seu país pode fazer por você; pergunte o que você pode fazer pelo seu país".

Eu gostaria de parafraseá-lo, dizendo: "Não pergunte o que sua empresa pode fazer por você; pergunte o que você pode fazer por sua empresa".

O líder empresarial Max DePree[3], por outro lado, nos ajuda a entender a essência da atividade de liderança com a frase: "A primeira responsabilidade de um líder é definir a realidade. A última é dizer obrigado. No meio, o líder é um servo".

Arnold Glasow[4] sugere a forma para testarmos um líder em potencial: "Um dos testes de liderança é a habilidade de reconhecer um problema antes que ele se torne uma emergência".

Se quiser conhecer um grande líder, com base no que podem fazer por seus liderados, deveria considerar a opinião de Fred A. Manske Jr.[5], um reconhecido autor na área de liderança, tendo escrito *Secrets of Effective Leadership*, entre outros livros: "O grande líder é aquele que está disposto a desenvolver as pessoas até o ponto em que elas eventualmente o ultrapassem em seu conhecimento e em sua habilidade".

Os grandes líderes, em geral, têm controle sobre seus planos e sabem qual caminho escolher a cada etapa. O ex-jogador de futebol americano, Willie Joe[6], explica muito bem esse conceito: "Para ser um líder, você tem de fazer as pessoas quererem segui-lo, e ninguém quer seguir alguém que não sabe aonde está indo".

Minha experiência mostra que um grande líder é, invariavelmente, alguém com atitude positiva, justo, apaixonado, equilibrado, ético, firme, decidido, assertivo, com uma habilidade excepcional de comunicar, que assume seus erros e procura aprender com eles, que vai "semeando" por onde passa, que tem muitos admiradores e seguidores, que respeita os outros, ainda que sob pressão, que sabe diferenciar liderança, influência e poder, que é generoso na transmissão do conhecimento, principalmente, com os mais jovens, que aprende continuamente, resiliente, otimista sem se afastar da realidade, humano sem parecer inocente.

Bem, agora que sabe o que procurar quando estiver "garimpando", boa sorte na "lapidação" de líderes talentosos e vencedores!

Notas e Referências

1. No livro *Escolhendo Líderes*, Saraiva, 2010, p. 125, Joseph Daniel McCool escreve: "O jurista inglês John Holt (1642-1709) afirmou: 'O verdadeiro teste de caráter não diz respeito ao quanto sabemos fazer, mas como nos comportamos quando não sabemos o que fazer'. Lição para recrutadores e líderes: o comportamento é previsível, o desempenho não".

2. Napoleon Hill (1883-1970) foi um escritor norte-americano, autor da *Filosofia do Sucesso*.

3. Max DePree é um dos filhos de D. J. DePree, o fundador da empresa de móveis de escritório Herman Miller. Ele e o irmão Hugh DePree assumiram a liderança da empresa no início dos anos 1960. É o autor do livro *Liderar É uma Arte – Vencendo a Crise e a Inércia com Uma Administração Inovadora*, publicado no Brasil pela editora Best Seller.

4. Arnold Henry Glasow (1905-1998), nascido em Wisconsin, foi o criador e proprietário de uma revista de humor que durou mais de 60 anos. Contribuiu também com a seção de humor da Reader´s Digest e de vários grandes jornais americanos. Publicou seu primeiro livro *Gloombusters Glasow's* aos 92 anos e faleceu aos 93 anos.

5. Fred A. Manske Jr. foi vice-presidente sênior da Federal Express e, posteriormente, foi presidente e CEO da Purolator Courier, do Canadá. A citação é uma tradução livre de "The ultimate leader is one who is willing to develop people to the point that they surpass him or her in knowledge and ability". Autor dos livros *Secrets of Effective Leadership* e *Secrets of Effective Leadership – A Practical Guide to Success*.

6. William Joseph "Joe" Namath apelidado de "Broadway Joe", ou " Willie Joe ", foi *quarterback* no futebol americano.

9 Temos Dois Grandes Desafios: Clientes e Concorrentes

"Nunca interrompa seu inimigo quando ele estiver cometendo um erro."

Napoleão Bonaparte

Não importa para quem trabalhe, terá de enfrentar dois grandes desafios: clientes e concorrentes.

Qualquer um de nós, em qualquer empresa minimamente organizada, é responsável pela manutenção dos clientes existentes e pela conquista de novos, trabalhemos ou não na área comercial.

Se quiser realmente escrever um bom capítulo em sua história de vida, tente encontrar uma forma de fazer a diferença para os clientes de sua empresa e aprenda a conviver bem com a concorrência.

Tente descobrir quem disse o seguinte: "Um cliente é o visitante mais importante em nossas instalações; ele não é dependente de nós. Nós somos dependentes dele. Ele não é uma interrupção em nosso trabalho. Ele é o propósito dele. Ele não é um intruso em nossos negócios. Ele é parte dele. Nós não estamos fazendo um favor por servi-lo. Ele está nos fazendo um favor ao nos dar a oportunidade de fazê-lo."[1]

Se você pensou em um CEO ou em um presidente de uma grande empresa, errou. A citação é de Mahatma Gandhi. Sim, Gandhi disse isso! Se esta atitude era útil aos propósitos de Gandhi, imagine em sua empresa.

O cliente é mais importante que o próprio acionista. Afirmo isso, porque sempre haverá formas de cuidarmos melhor dos clientes e, se o fizermos, o acionista certamente ficará feliz; já o inverso...

Nos tempos da globalização não há mais onde "se esconder". Não dá para saber de onde virá o próximo movimento da concorrência. Em contrapartida, o seu negócio também não está mais restrito a um mercado, região ou país, como no passado.

— *Pode me explicar melhor? Se já acho difícil atuar no mercado em que estamos, como poderia imaginar atuarmos em outros?*

Imagine, por exemplo, que você fosse um artesão. Caso estivesse produzindo suas peças há uns 30 anos, provavelmente a única forma de comercializá-las seria expondo-as em uma feirinha ou deixando em consignação em uma loja de artesanatos. Hoje, entretanto, você poderia facilmente criar uma página na internet, inclusive em outras línguas e "expor" seu produto para pessoas do mundo todo e, ao vendê-las, utilizar uma empresa de entrega expressa ou o serviço de correio. Seu mercado teria se expandido até o limite de sua criatividade em expor seu produto aos clientes potenciais e não apenas à sua criatividade e competência em produzi-lo. Excluindo-se as barreiras comerciais para algumas indústrias, é possível competir virtualmente em qualquer lugar do planeta.

— *Desse jeito parece fácil. Esqueceu a concorrência?*

De forma alguma! Michael Porter estabeleceu cinco forças competitivas[2]. Para Porter, clientes, fornecedores, substitutos e os entrantes potenciais são de certa forma concorrentes. Fica claro, portanto, que as forças competitivas mais acentuadas determinarão a formulação das melhores estratégias para cada indústria. De qualquer modo, deveria sempre pensar nas empresas complementares ao seu negócio.

— *Você torna tudo complicado! Empresas complementares? Pode me dar um exemplo?*

Um bom exemplo é a Sony. No início era apenas uma empresa de aparelhos eletrônicos. Agora atua, também, no ramo de criação de conteúdo (música, canais de TV a cabo, filmes etc.). Não é por acaso que a Sony decidiu entrar no ramo de criação de conteúdo de mídia, pois "conteúdo" é o complemento natural aos seus produtos.

Por falar em formular as melhores estratégias para cada negócio, Porter sugere três estratégias genéricas de competição possíveis: Enfoque (atuação em nichos); Liderança no custo total (volume) e Diferenciação.

A primeira e, talvez, a mais importante lição seja que uma empresa deveria escolher apenas uma das três estratégias e, ao fazê-lo, manter-se firme nesse caminho. O pior que uma empresa poderia fazer seria alternar de uma estratégia para outra a cada insucesso ou frustração[3].

Porter, em seu outro livro *Vantagem Competitiva – Criando e sustentando um desempenho superior*, ressalva que, algumas vezes, uma empresa poderá ter condições de criar duas unidades independentes, de forma que cada uma tenha condições de aplicar uma estratégia genérica diferente.

Dess e Davis[4] afirmam: "O fato de uma empresa ser classificada como 'meio-termo' não significa que não empregue métodos e armas competitivas típicas de uma ou mais das estratégias genéricas, mas apenas que a sua estratégia como um todo carece de consistência interna".

Não estou sugerindo que você mude ou decida a estratégia de sua empresa, pois talvez isto ainda esteja fora de sua alçada; porém, entenda-a e contribua para que sua empresa tenha sucesso, qualquer que seja o caminho escolhido.

— *Se não é algo que posso decidir, não acha que seja perda de tempo me preocupar com isso agora?*

Acho que será um profissional mais completo se conseguir analisar tanto a estratégia escolhida por sua empresa como a dos seus concorrentes.

Vejamos o básico sobre as três estratégias genéricas.

Enfoque – Nichos

Um nicho de mercado é constituído por um grupo restrito de clientes que compartilham algo que os torna receptivos a um determinado produto, serviço ou combinação de ambos.

Certamente custa muito menos lançar um produto de nicho do que um de massa. Quando os recursos são escassos, há uma grande vantagem em atuar em nichos.

A empresa que opera em um nicho pode falar quase que pessoalmente com seus clientes. Eles são muito bem identificados e em número reduzido.

Outra vantagem é que as grandes organizações não gostam de nichos, pois, o seu tamanho não justifica criar uma estrutura para atender um grupo restrito de clientes. Se você estiver trabalhando em uma organização de pequeno ou médio porte, passe a olhar os nichos com mais atenção, uma vez que as grandes empresas tendem a relegar a um segundo plano essa fatia do mercado.

Nos nichos, os clientes potenciais podem ser identificados facilmente e os esforços da empresa direcionados a eles sem muito desperdício de tempo, dinheiro e energia.

A má notícia é que nichos atingem seu limite de crescimento com muita rapidez. Ao se atingir o limite de crescimento em um nicho, a empresa se vê obrigada, rapidamente, a encontrar um novo nicho, novo produto de nicho ou um novo mercado que possa ser atendido pelo produto existente. Nem sempre é factível ou rápido o suficiente para garantir a sua sobrevivência.

O crucial para definir e praticar uma boa estratégia de nicho é identificar claramente a necessidade especial do grupo de clientes ou do mercado que se pretende atingir.

Uma vez identificada a necessidade especial e encontrado o produto ou serviço capaz de atender a essa demanda, o que virá a seguir não diferirá muito das demais estratégias. Você terá de identificar o potencial desse nicho de mercado, conceber um produto adequado e economicamente viável, estabelecer os canais de distribuição adequados e definir o plano de promoção para que o mercado possa acessar seu produto, estabelecer uma política de preços compatível etc.

Liderança no Custo Total – Volume

Durante um safári, na África, um americano e um japonês se perdem do grupo. Depois de andar por horas a esmo nas savanas africanas, os dois acabam se deparando com um tigre a cerca de trinta metros de distância. O animal se abaixa na relva, na típica postura de preparação para o ataque... O japonês rapidamente se senta no chão, retira um par de tênis de corrida de sua mochila e começa a calçá-lo. O americano, intrigado, questiona se ele acha que será capaz de correr mais que o tigre. O japonês responde: — Claro que não, tenho apenas de correr mais que você.

Sei que a piada é antiga, mas expressa perfeitamente o conceito de liderança no custo total. Essa anedota foi muito utilizada nos anos 80, quando os japoneses estavam começando a "invasão" nos Estados Unidos, com produtos baratos, mas de excelente qualidade.

O fundamental e suficiente, na estratégia de liderança no custo total, é que o custo de sua empresa seja menor que o da sua concorrência atual ou futura. Digo suficiente para enfatizar que você não precisa ter um custo extremamente baixo (nada contra isso) para adotar a estratégia de liderança em custo total. Você tem de ser melhor que seus concorrentes atuais ou potenciais.

O custo mais baixo funcionará como seu mecanismo de defesa contra a rivalidade de seus concorrentes, principalmente na hipótese de iniciarem uma guerra de preços. Sua empresa ainda terá alguma margem depois que seus concorrentes tiverem chegado ao ponto de equilíbrio (*break even point*).

Além da defesa contra seus concorrentes, na eventualidade de sofrer pressões de fornecedores poderosos, a empresa que tiver menor custo terá mais fôlego do que seus concorrentes, portanto, maiores chances de sobrevivência.

Da mesma forma, a empresa também se posiciona melhor para se defender de pressões de clientes poderosos.

Ao se atingir a liderança em custo, é provável que a empresa tenha, para isso, conseguido uma escala e vantagens de custos que por si só seriam barreiras a entrantes ou mesmo eventuais produtos substitutos que a concorrência pudesse apresentar ao seu cliente.

Ou seja, essa estratégia é capaz de reduzir o risco das cinco forças competitivas, uma vez que seus concorrentes tenderão a sofrer as consequências antes de sua empresa.

— *Parece muito bom.*

É bom! A questão fundamental está em como obter essa condição.

Para ser líder em custo, a empresa precisa controlar uma parcela razoável do mercado, o que proporcionará uma economia de escala em relação à concorrência e, também, vantagens junto aos fornecedores de matérias-primas. Essa estratégia, na maioria das vezes, demandará investimentos elevados, em razão da própria questão da escala, também, que uma parte do lucro seja reinvestida em pesquisa e desenvolvimento, instalações e equipamentos que garantam a manutenção da liderança.

Cuidado! Estratégia de baixo custo não é o mesmo que estratégia de baixo preço. Felizmente, o preço nem sempre tem correlação com o custo.

Caso identifique, claramente, um segmento do mercado extremamente sensível ao preço, deixe-o para seus concorrentes. Eles não apenas sofrerão com as margens apertadas, como terão distração suficiente para lhe dar tempo de melhorar sua posição de liderança.

Lembre-se, é muito difícil competir com empresas de baixo custo se o seu produto for superdimensionado. Simplifique seu produto ao limite da necessidade dos seus clientes.

Você não precisa ser o melhor em tudo para ter uma estratégia vencedora. Forneça o que seu cliente realmente precisa e não o que você acha que ele quer.

Diferenciação[5]

Você já retornou a um restaurante no qual a comida não chega a ser o ponto forte, mas o ambiente, o atendimento e a experiência foram inesquecíveis?

Já deixou de retornar a um restaurante onde a comida era ótima, mas o atendimento, o ambiente e a experiência eram medíocres?

Ao pensarmos no negócio de alimentação, tendemos a acreditar que o diferencial seria apenas a qualidade da comida e o preço (obviamente dois aspectos fundamentais para o sucesso), mas, se avaliar sua própria experiência, concordará que há muitos outros fatores que definem o sucesso.

Acho que já ouviu a frase: "a qualidade do churrasco é diretamente proporcional à companhia..."

Muitas vezes, a experiência que você vai viver é mais importante que a perfeição na execução do prato que vai saborear.

A estratégia de diferenciação oferece uma defesa às forças de mercado de forma diferente da estratégia de baixo custo.

Os clientes, menos sensíveis a preços do que ao atendimento às suas próprias necessidades, tenderão a reduzir a rivalidade entre os concorrentes. Da mesma forma, o poder dos compradores será reduzido à medida que o produto ou serviço não esteja à disposição tão facilmente no mercado.

Por outro lado, isso também se traduz em redução do risco de entrantes tentarem algo com um produto ou serviço tão específico ou pela mesma razão, com produtos substitutos.

Vivi por alguns anos no litoral santista; costumava ir a um restaurante de frutos do mar que ficava abarrotado nos finais de semana. O que me intrigava, no início, era que este restaurante ficava em uma esquina e havia outros dois nas outras esquinas do mesmo cruzamento, com a mesma proposta e que nunca ficavam cheios.

Por quê?

Ao analisar o restaurante de sucesso naquela esquina, após muitas visitas, conclui que a comida era boa e tinha um preço justo, mas nada fora do comum. Os garçons eram atenciosos, mas nada que justificasse o tremendo sucesso.

Decidi então ir aos outros dois concorrentes e tentar descobrir o motivo de não atingirem o mesmo sucesso. Na época não cheguei a uma conclusão clara, mas sabia que não me ofereciam nada a mais do que já tinha no outro. A comida estava no mesmo nível e os garçons também. Não adianta abrir um restaurante idêntico do outro lado da rua, se este já me conquistou pela experiência que proporciona. Se for idêntico, por que eu mudaria? O tal restaurante havia se estabelecido, muito antes, como líder na proposta de valor naquela cidade, com isso, ao ficar cheio de gente, oferecia um ambiente mais dinâmico do que seus rivais.

Seja o primeiro!

O ideal é posicionar-se como líder em proposição de valor, e não em preço. Adicione valor ao seu produto ou serviço, sempre que possível, e estará construindo um diferencial competitivo difícil de ser alcançado.

Como disse John Ilhan: "Isto pode parecer simples, você tem que dar aos seus clientes o que eles querem, e não o que você acha que eles querem. Se você fizer isso, as pessoas continuarão voltando".

John Ilhan, o fundador da cadeia de venda de celulares Crazy John, foi considerado, em 2003, o australiano mais rico com menos de 40 anos. Era turco, na verdade, e mudou-

-se com a família para a Austrália aos cinco anos de idade. John criou uma estratégia de diferenciação tão inovadora, na época, que passou a ser chamado de Crazy John pela concorrência. Vendia aparelhos celulares por apenas um dólar australiano, enquanto seus concorrentes cobravam cerca de 200 dólares australianos pelo mesmo aparelho. Perceba que não foi uma estratégia de baixo custo, pois certamente ele não estava recuperando o valor do aparelho com o valor da venda, mas com os serviços associados. Não foi, por incrível que pareça, uma estratégia de baixo preço, pois ele também oferecia acessórios e outros serviços associados à compra. Ele oferecia "valor" aos seus clientes. Parece óbvio depois que alguém fez.

Você deve ter pensado: — Já vi esse tipo de promoção aqui mesmo, no Brasil. Pois é, quando uma estratégia de diferenciação é compreendida e copiada pela concorrência, deixa de cumprir o seu papel. Assim, sua obrigação é continuar adicionando valor ao seu produto ou serviço de forma que a concorrência esteja sempre atrás de você, tentando copiá-lo.

Outro aspecto a considerar é que nem sempre o fato de se fazer algo que a concorrência não está fazendo será uma garantia de sucesso.

> *"As maiores coisas são sempre as mais fáceis de fazer, porque não há competição."*
>
> Willian van Horne[6]

Movimentos

Não espere que seus concorrentes assistam complacentemente seus movimentos. Qualquer que seja a estratégia escolhida tem de ser executada com competência e deve levar em conta o poder de contra-ataque de seus concorrentes.

Como disse Sun Tzu[7]: "... contra aqueles que são peritos no ataque, o inimigo não sabe como se defender; contra os peritos na defesa, o inimigo não sabe como atacar".

Porter define três tipos básicos de movimentos competitivos[8], sendo dois deles de natureza ofensiva, "chamados movimentos cooperativos ou não ameaçadores e movimentos ameaçadores e um de natureza defensiva, denominado movimento defensivo".

Avalie as consequências de seus movimentos antes de agir e as possíveis reações de sua concorrência para então decidir. Nunca despreze as possíveis retaliações de seus concorrentes.

Sun Tzu[9] nos ensina:

1. "Se sei que as minhas tropas podem enfrentar o inimigo, mas ignoro ser ele invulnerável, a minha hipótese de vencer é somente de metade".
2. "Se sei que o inimigo é vulnerável ao meu ataque, mas ignoro que as minhas tropas não estão em condições para levá-lo a cabo, a minha hipótese de vencer é apenas de metade".
3. "Se sei que o inimigo pode ser atacado e as minhas tropas em condições para o fazerem, mas desconheço que, por motivos de disposição do terreno, não devo fazê-lo, a minha hipótese de vencer é apenas de metade".

Portanto, não deixe que a Lei das Probabilidades o vença por não ter investido suficiente energia na avaliação das forças contrárias. Como diz Maquiavel: "... e é comum nos homens não se preocupar, na bonança, com as tempestades".

Notas e Referências

1. Tradução livre a partir da citação em inglês, de Mahatma Gandhi: "A customer is the most important visitor on our premises, he is not dependent on us. We are dependent on him. He is not an interruption in our work. He is the purpose of it. He is not an outsider in our business. He is part of it. We are not doing him a favor by serving him. He is doing us a favor by giving us an opportunity to do so".

2. O livro *Estratégia Competitiva*, de Michael Porter, permitirá uma análise muito mais abrangente e detalhada do assunto.

3. Empresas híbridas: Há empresas que, embora não alternem a estratégia, utilizam simultaneamente mais de uma estratégia. Porter as chama de empresas híbridas ou "meio-termo" e diz que, ao se fixarem nessa posição, têm quase garantida uma baixa rentabilidade.

4. Dess, G. G.; Davis, P. S. Porter's (1980): "generic strategies as determinants of strategic group membership and organizational performance". *Academy of Management Journal*, v. 27, n. 3, setembro de 1984.

5. A estratégia de diferenciação se baseia na possibilidade da empresa oferecer um produto ou serviço que seja considerado "único" no âmbito de toda a indústria. O termo "único" remete a diferenças de qualquer natureza, porém relevantes para os clientes, desde questões relativas ao projeto, à tecnologia, aos serviços, à rede de assistência técnica ou ao desempenho do produto até parâmetros menos objetivos como marca ou imagem.

6. Horne, que foi presidente da Canadian Pacific Railway, disse "maiores" mesmo no sentido de coisas grandiosas, complexas, difíceis e não as "primeiras", que obviamente tornaria a frase mais fácil de ser compreendida e aceitar. Ele é famoso

por ter supervisionado a primeira estrada de ferro transcontinental do Canadá. Convenceu os acionistas a acrescentar ao projeto uma linha de telégrafo e um serviço de entregas expressas. Ele sabia o que era fazer coisas grandiosas e sem concorrência em um primeiro momento, quando ninguém queria se aventurar em "mercados desconhecidos".

7. Tzu, Sun. *A Arte da Guerra*. Portugal: Europa América, p. 77.

8. Porter, Michael E. *Estratégia competitiva*: Técnicas para análise da indústria e da concorrência. 8ª ed. Rio de Janeiro: Campus, 1991, p. 97-113.

9. *Op. cit.*, p. 106. É particularmente interessante que, ao enfatizar os cuidados necessários para a correta avaliação da situação antes do combate, Sun Tzu utilizou o termo "movimentações", dizendo que "aqueles que têm experiência das movimentações em guerra não cometem erros". E ainda, "Conhece o teu inimigo e conhece-te a ti mesmo e nunca porás a vitória em dúvida".

10 511 Anos Depois...

"Lucro é subproduto das coisas bem feitas."

Philip Kotler

Separo as coisas em duas categorias: bem feitas e mal feitas. Após muito tempo e sofrimento, conclui que não existe meio-termo. O que está no "meio do caminho" deve ser classificado como malfeito. Mais ou menos é menos!

— *Pode explicar melhor?*

Há uma história muito conhecida no meio publicitário que é muito adequada para o que pretendo ressaltar.

Um publicitário caminhava por uma calçada em Paris e deparou-se com um cego sentado, com um chapéu no chão e um pedaço de papelão ao lado do chapéu, que dizia:

"Ajude-me, sou cego."

O publicitário notou que havia apenas algumas moedas no chapéu. Aproximou-se, pegou o cartão, escreveu algo no verso e colocou de volta, com o lado do cartão que tinha escrito voltado para os transeuntes, e saiu sem conversar com o cego.

No final do dia, o publicitário voltou e percebeu que agora o chapéu estava cheio de moedas e dinheiro. O cego o reconheceu pelas passadas e lhe perguntou o que havia escrito.

— Escrevi o mesmo que você, porém com outras palavras.

Afastou-se sem dizer o que havia escrito. Mais tarde o cego descobriu que o cartão dizia:

"É primavera em Paris, mas não posso vê-la."

Há sempre muitas formas de se fazer algo, mas invariavelmente poucas para fazê-lo bem feito.

Há pessoas que conseguem se destacar por fazer bem aquilo a que se propõe. A maioria, entretanto, parece insistir em se destacar pela mediocridade.

Por consequência, as empresas tendem a desenvolver uma "personalidade" alinhada à personalidade das pessoas que as dirigem.

Se você pretende se preparar para um cargo de direção, comece a fazer as pequenas tarefas com atenção e qualidade.

Como disse Aristóteles: "Nós somos aquilo que fazemos repetidamente. Excelência, então, não é um modo de agir, mas um hábito".

Em geral, é bem mais fácil fazer algo malfeito. É a lei do menor esforço que, escrita por Paul Bocuse, ficou assim: "É necessário pouco para fazer as coisas bem, mas ainda menos para fazê-las mal".

— *Pode me dizer por quê?*

Em uma quarta-feira, 16 de junho de 2010, foi publicada no blog.planalto.gov.br uma notícia sobre o lançamento de um contrato para construção de 3.511 casas do programa habitacional Minha Casa – Minha Vida em Manaus, onde o ex-presidente Lula dizia: "Nós estamos diante de uma coisa quase revolucionária que é testar a nossa capacidade de fazer as coisas bem feitas neste País".

— *Depois de 511 anos da chegada de Cabral ao Brasil ainda não sabemos se somos capazes de fazer as coisas bem feitas?*

Entendeu aonde quero chegar? Desculpe meu sarcasmo, mas tudo que foi bem feito, nesses últimos cinco séculos, deve ter sido por engano.

— *Inacreditável! Não se sente ofendido?*

Precisamos entender que, infelizmente, não é apenas o ex-presidente da república que tem complexo de inferioridade quanto às competências do nosso povo.

Não somos diferentes ou inferiores a ninguém.

— *E quanto à falta de tempo?*

Procure se lembrar quantas vezes ouviu alguém usar a falta de tempo como justificativa para realizar um trabalho bem feito. É uma desculpa muito utilizada. Na verdade, somos levados a acreditar que nunca temos tempo para fazer algo bem feito e, por outro lado, raramente dizemos que não temos tempo para refazer algo que foi malfeito. Em geral, quando descobrimos algo errado ou malfeito, já se tornou uma situação de urgência.

Somos constantemente pressionados a fazer cada vez mais coisas e com mais rapidez. Nada indica que essa realidade mudará.

O grande mestre da administração moderna, Peter Drucker, abordou o tema de forma extremamente clara: "O maior mistério não é as pessoas fazerem certas coisas de maneira ruim, e sim o fato de, vez por outra, fazerem outras coisas muito bem. O único conceito universal é o da incompetência. A força é sempre específica! Ninguém jamais comentou, por exemplo, que o grande violinista Jascha Heifetz[1] provavelmente seria incapaz de tocar bem o trompete".

— *Então, como sair desse círculo vicioso?*

A primeira etapa é simplificar!

Simplificando

O mundo atual é complexo. Não entendemos tudo, não entendemos completamente nossos clientes e, em geral, não temos tempo para aprender.

Ao sermos vencidos pelas pressões externas, tendemos a acreditar que mundos complexos demandam soluções complexas. Errado! A solução para um problema complexo não precisa ser necessariamente complexa.

Acabamos por acreditar que qualquer coisa tem de ser complexa para fazer frente ao que não dominamos completamente. É um campo fértil para o faturamento de consultorias externas. Nada contra consultores, desde que precisemos de uma competência que não dispomos na empresa, e não por preguiça para analisarmos um problema e encontrarmos uma solução.

Lembre-se da Navalha de Occam[2]. Procure explicações simples e encontrará soluções simples: "Se há varias explicações para um problema, a mais simples é provavelmente a melhor".

Uma solução que resolve 90% do problema e pode ser aplicada rapidamente é muito melhor que a solução perfeita, pois não irá gerar nenhum resultado visível por um longo tempo, em razão da difícil execução.

Administração do Tempo

Apesar de não aceitar a falta de tempo como desculpa, aceito o fato de que precisamos administrar bem o tempo de que dispomos.

Tente classificar todas as atividades que realizou ontem em duas dimensões: importantes ou urgentes.

Após essa classificação, caso pudesse separar os itens que eram, simultaneamente, importantes e urgentes, conseguiria garantir que algumas dessas atividades não se tornaram urgentes por não terem sido tratadas adequadamente quando eram apenas importantes, algum tempo antes?

Se analisasse agora os itens que classificou apenas como urgentes, conseguiria garantir que não poderiam ter sido tratados anteriormente, quando havia mais tempo para solucioná-los?

Os itens importantes de hoje, que não receberem soluções adequadas (bem definidas e bem executadas, no momento certo), se tornarão urgentes no futuro.

Como disse Einstein: "Uma pessoa inteligente resolve um problema, um sábio o previne".

Pense agora em quanto tempo gastou com assuntos de menor importância. Não poderia ter usado esse mesmo tempo para melhorar a qualidade das soluções para o que realmente interessava e prevenir os problemas futuros?

É melhor saber, com precisão, o que é importante e relevante do que tentar saber tudo.

Não desperdice tempo. Além de aprender a fazer as perguntas certas, devemos aprender para quem fazê-las.

Perguntas certas feitas para pessoas erradas é desperdício de tempo.

Administrar o tempo é bem mais desafiador e complexo do que parece. Ao buscar a origem da palavra "tempo", encontrei duas palavras gregas relacionadas: Chronos e Kairos.

Na mitologia grega, Kairos é o filho de Chronos (Deus do tempo e das estações). A definição de Kairos e Chronos segundo a Wikipédia é clara:

> Na estrutura temporal da civilização moderna, geralmente se emprega uma só palavra para significar o 'tempo'. Os gregos antigos tinham duas palavras para o tempo: khronos e kairos. Enquanto o primeiro refere-se ao tempo cronológico, ou sequencial, o tempo que se mede, esse

último é um momento indeterminado no tempo em que algo especial acontece, a experiência do momento oportuno. É usada também em teologia para descrever a forma qualitativa do tempo, o 'tempo de Deus', enquanto khronos é de natureza quantitativa, o 'tempo dos homens'.

Proponho uma nova visão e atitude para a administração do seu tempo. Que tal se afastar um pouquinho do "tempo dos homens" e se aproximar um pouquinho para o "tempo de Deus"?

— *Não parece nada fácil.*

Em vez de utilizar o método tradicional de priorizar, livrar-se de assuntos que consumem tempo, de separar o que é importante do que não é, o que é urgente do que não é, o que é necessário, desejável, ou obrigatório etc., busque "momentos especiais" em tudo o que faz.

Sugiro que busque "momentos Kairos", que poderíamos comparar com a colherada extra de chantili no nosso sorvete, do raminho de cibolete para finalizar o prato de um grande *chef*.

Sugiro capricharmos um pouquinho mais nas nossas relações, nos nossos projetos, no que fazemos no dia a dia.

Além disso, procure ajudar seus liderados a reconhecerem esses momentos especiais.

Temos de reconhecer, com orgulho e prazer, o que é bem feito.

Proponho que os trabalhos sejam executados como os dos grandes *chefs*, que não dispensam o detalhe na finalização do prato, mesmo que a receita tenha sido preparada com maestria. Proponho que pense naquele algo a mais. Aquilo que faz os outros reconhecerem que você excedeu as expectativas.

Creio que Victor Hugo tenha encontrado uma forma muito elegante de representar minha sugestão: "Há momentos nos quais, seja qual for a posição do corpo, a alma está de joelhos".

Planos B

Raramente temos tudo sob controle.

Como disse Lúcio Costa: "A única coisa sobre o planejamento é que as coisas nunca ocorrem como foram planejadas".

As informações sobre os problemas complexos que temos de resolver são, em geral, incompletas ou imprecisas. Algumas vezes é pior ainda, são incompletas e imprecisas.

A frase de Napoleão Bonaparte neste contexto é quase uma provocação para fazê-lo refletir: "Existem apenas duas espécies de planos de batalha, os bons e os maus. Os bons falham quase sempre, em razão das circunstâncias imprevistas que fazem, muitas vezes, que os maus sejam bem-sucedidos".

Por melhor que planeje e cuide de um assunto, tenha sempre em mente que poderá precisar de um "plano B" vencedor, com muito mais frequência do que imagina.

Não estou advogando para que não façamos os melhores "planos A" que pudermos e que utilizemos nossos melhores recursos para executá-los. De fato, temos de fazer isso, mas quando por razões alheias à nossa vontade (circunstâncias imprevistas nas palavras de Napoleão), não dá certo, não podemos ficar estagnados.

Não atingimos o sucesso na vida pela forma e competência pela qual executamos bem nossos "planos A", mas como preparamos e administramos nossos "planos B", quando tudo que havíamos planejado deu errado.

Para ter bons "planos A" e "planos B" consistentes é necessário saber! Saber, neste caso, tem o sentido de enfrentarmos a realidade, de definirmos os problemas em suas reais dimensões.

É muito comum imaginarmos os problemas a partir de informações preliminares, imprecisas ou incompletas. Para ganhar tempo, eliminamos etapas. Isso provoca a construção de planos inadequados e que certamente falharão. Aquele suposto ganho de tempo se esvai.

Por exemplo, muitas vezes, simplesmente conversar com um cliente e entender o que ele quer e qual o problema do ponto de vista dele, antes de construirmos maravilhosos planos de ação, resolve as situações em muito menos tempo.

Há um provérbio que me ajuda nesse conceito: "Não saber é ruim, não querer saber é pior".

Seus planos de contingência e seus "planos B" serão as "cerejas do seu bolo", seu fator de diferenciação, seu "passaporte" para um desempenho excepcional.

Qualidade Humana

É fácil concordar que, se utilizarmos um fermento vencido, será impossível fazer um bolo crescer.

Ninguém questiona que a qualidade das matérias-primas estabelece o limite da qualidade do produto final, mas nem sempre foi assim.

No passado, tentávamos "consertar" os defeitos das matérias-primas durante o processo produtivo.

Se não conseguíamos produzir peças com dimensões precisas e corretas, buscávamos encaixar as peças que havíamos produzido da melhor forma possível.

Produzíamos, por exemplo, eixos com dimensões variáveis, e depois escolhíamos os furos onde se encaixariam melhor.

O processo de desenvolvimento dos conceitos da qualidade total se arraigou tanto nas universidades e empresas, que esquecemos que o óbvio levou séculos para se tornar o padrão.

— *Resolvemos os problemas com eixos e parafusos, mas e com as pessoas?*

Ainda não chegamos lá!

Gilberto Dimenstein, em seu texto *Professor nota zero*, de fevereiro de 2009, escreveu:

Dos 214 mil professores que se submeteram à prova da Secretaria Estadual da Educação de São Paulo, 3 mil tiraram zero: não acertaram uma única questão sobre a matéria que dão ou deveriam dar em sala de aula. Apenas 111, o que é estatisticamente irrelevante, tiraram nota dez. Os números finais ainda não foram tabulados, mas recebo a informação de que pelo menos metade dos professores ficaria abaixo de cinco. Essa prova tocou no coração do problema do ensino no Brasil, o resto é detalhe.

Nossos políticos ainda não entenderam que o fermento é que faz crescer o bolo.

Não é diferente em muitas organizações privadas. Utilizam "mão de obra" e "cabeças" de segunda qualidade e esperam desempenho de primeira.

Caso pretenda fazer um churrasco, deve se lembrar que uma picanha de vaca velha poderia produzir um bom salame, entretanto não se transformará em uma iguaria se for colocada na grelha. Por que seria diferente com um gerente, diretor ou presidente de segunda?

Notas e Referências

1. Jascha Heifetz (1901-1987) foi um dos maiores virtuoses da história do violino, famoso por suas interpretações de melodias famosas de Paganini, Bach e Saint-Saëns. Considerado por muitos o melhor violinista do século XX.

2. No século XIV, um frade franciscano chamado William de Ockham (o nome foi alterado para Occam, para se aproximar da forma como era pronunciado) utilizou sistematicamente um princípio lógico que acabou recebendo seu nome. Esse princípio afirma que se houverem várias premissas para explicar um fenômeno, deveríamos eliminar todas as que não trariam alguma diferença significativa à hipótese. Esse prin-

cípio é também chamado de "Lei da Parcimônia" oriunda do enunciado *Entia non sunt multiplicanda praeter necessitatem* que, em português, seria traduzida como: "As entidades não devem ser multiplicadas além da necessidade".

Veja esse princípio da seguinte maneira: Se há várias explicações para um mesmo fato, em geral, a mais simples é a melhor. Fonte: *Fui Promovido! E Agora?*, de Roberto Ruban (M.Books).

11 Janela de Ferrari

"*Nada é mais desonroso do que um homem velho, vergado pelos anos, sem outra prova de que viveu a não ser a da sua idade.*"

Sêneca[1]

Já parou ao lado de uma Ferrari ou Lamborghini e não resistiu à tentação de dar uma olhadinha dentro para tentar descobrir como é o perfil de alguém que tem dinheiro para comprar um carro desses? Eu já... Obviamente a resposta não estava na cara do sujeito sentado ao volante.

Do mesmo modo, é muito difícil olhar para um grande empreendedor e tentar entender como ele chegou a essa situação. Esta é a difícil tarefa a qual me propus neste capítulo.

— *Como sempre, sua petulância é extraordinária. Você consegue me surpreender até quando acho que isso seria impossível.*

Em 1995, fui enviado ao INSEAD, na França, para fazer um curso sobre empreendedorismo. Naquela época, eu trabalhava em uma grande multinacional francesa, e confesso que não entendia muito bem a razão de "ensinar" funcionários de uma multinacional a se tornar empreendedores.

A atitude empreendedora, que hoje pode parecer quase uma obrigação para qualquer um de nós, era, na época, algo na fronteira do que grandes organizações poderiam suportar no que se refere à mudança cultural.

As empresas eram muito mais engessadas em termos de tomada de riscos. Cada decisão passava, necessariamente, por uma grade de aprovações na qual, em cada etapa, cada uma deveria ser analisada e justificada. Assim, o ambiente se tornava avesso ao risco. As pessoas eram incentivadas a seguir os procedimentos. A inovação era algo para produtos, com pessoas dedicadas, e não para processos.

Em um ambiente daqueles, para que ousar se suas iniciativas seriam "detonadas" em uma das etapas de aprovação?

— *Hum! Isso me soa familiar.*

Talvez porque nem todas as empresas mudaram como deveriam.

Para minha sorte, a empresa em que trabalhava estava tentando se desvencilhar do gesso, afinal, empreendedorismo e gesso não são compatíveis. Gesso pode ser bom para clínicas de ortopedia, mas não para organizações em um mundo globalizado, ágil e cada vez mais competitivo.

— *Pode ilustrar isso?*

Imagine o Bill Gates no início da sua carreira, trabalhando como *trainee* em uma organização cheia de amarras e parâmetros, e tentando criar algo inovador. Teria ele transformado tal organização em uma empresa como a Microsoft?

Creio que concordará que Bill, muito provavelmente, teria de deixar aquela empresa se quisesse aplicar suas ideias ou acabaria por aprender a viver mergulhado nas próprias frustrações.

O próprio Bill Gates, referindo-se ao início de sua "aventura", disse: "Éramos jovens, mas tínhamos boa orientação, boas ideias e muito entusiasmo".

As empresas de sucesso, hoje, são as que conseguem o maior número possível de colaboradores engajados em sua visão. São empresas nas quais mais pessoas tomam decisões como se a empresa fosse sua. São pessoas que sabem que não acertarão sempre, mas que seus acertos superarão seus fracassos e a empresa se fortalecerá com isso. Aceitam o risco de não acertar sempre, para poder acertar mais.

— *Como posso aferir se estou sendo um bom empreendedor em minha empresa, uma vez que não tenho como agir sobre o todo?*

Para mim, existe uma forma muito simples de saber se estamos no caminho certo. A sua responsabilidade é "entregar" o departamento ou a seção que dirige em situação melhor do que, quando recebeu, ao deixar seu posto.

Creio que essa seja uma boa avaliação para quem só pode decidir sobre uma parte de uma grande organização, mas não deveríamos esperar o mesmo de um CEO? Os acionistas de qualquer organização não esperam que o CEO lhes dê melhores resultados do que seu antecessor? Já leu alguma notícia de jornal onde um CEO foi substituído porque os acionistas queriam piorar os resultados?

Atitude não se ensina!

Não creio que seja possível "ensinar" alguém a se tornar um empreendedor; entretanto, acredito que podemos adquirir hábitos que, depois de um certo tempo, se tornarão inerentes ao nosso comportamento e determinarão nossa atitude perante cada situação.

Acredito que, ao analisarmos as crenças e atitudes de grandes empreendedores, poderemos escolher algumas para praticar, até que se tornem parte de nós.

Tendemos a julgar os outros pelos seus atos e anos julgar pelas nossas intenções. Intenção não é, necessariamente, uma garantia de atitude correspondente. Quanto menor o desvio entre nossas intenções e nossas atitudes melhores líderes seremos.

— *Vai me dizer o que viu dentro daquela Ferrari ou vai continuar me enrolando?*

Não vi nada demais. O sucesso não é correlacionado com aspectos visuais e sim com competências e atitudes.

Não esgotarei o assunto, mas vou lhe apresentar algumas competências, crenças e atitudes de grandes empreendedores.

Inovação

Se quiser ganhar dinheiro faça algo novo, mas que, ao mesmo tempo, seja necessário. Encontre uma necessidade implícita no mercado e busque um produto ou serviço que atenda essa demanda. Não pergunte aos seus clientes o que querem, porque ouvirá que querem preço mais baixo e menos problemas. Se já sabe a resposta, então para que perguntar?

A Apple é uma das empresas mais inovadoras nos dias atuais. Acredita que alguma pesquisa de mercado lhe disse que precisaríamos de um iPad ou de um iPhone? Eles criam produtos que ainda não sabemos que serão imprescindíveis. Criam produtos que queremos, mas que ainda não sabemos que queremos. Partem da necessidade e o produto é a solução para a necessidade que ainda não havia sido atendida. Outro exemplo clássico é o da Sony ao criar o walkman...

Peter F. Drucker, em *The Father of Modern Managment*, comenta sobre o uso da inovação como uma ferramenta de administração:

> Inovação é a ferramenta específica dos empreendedores, o meio pelo qual exploram mudanças como oportunidades para um negócio diferente ou serviço diferente. Pode ser apresentada como uma disciplina, capaz de ser aprendida e praticada. Empreendedores precisam buscar propositadamente as fontes de inovação, as mudanças e os seus sintomas, que indicam oportunidades para inovações bem-sucedidas. Precisam conhecer e aplicar os princípios de inovações de sucesso.

Senso de Oportunidade

Richard Branson[2], fundador da Virgin, tem uma atitude muito clara frente às oportunidades: "Oportunidades em negócios são como ônibus, sempre terão outras vindo".

O verdadeiro empreendedor perde pouco tempo se lamentando pelo que não fez. Está sempre atento para o que está vindo. Se perdeu "o ônibus", em vez de se lamentar, fique atento para entrar no próximo.

Prioridade na Ação

Muitas das grandes realizações não teriam sido obtidas se alguém não tivesse dado o primeiro passo, antes de ter todas as respostas.

Há pessoas cuja atitude é iniciar algo; já outras consomem o tempo analisando todas as variáveis envolvidas e os riscos inerentes, de modo que, na maioria das vezes, nem chegam a começar.

Nolam Bushnell[3], fundador da Atari e da Chuck E. Cheese´s, diz: "Muitas pessoas têm ideias, porém somente existem alguns poucos que decidem fazer algo com elas imediatamente, não amanhã. Não na próxima semana. Hoje. O verdadeiro empreendedor é um fazedor, não um sonhador".

Superação

Grandes empreendedores não conseguem enxergar obstáculos. Para eles, são apenas etapas. Cada vez que encontram um grande obstáculo sabem que ao superá-lo estarão à frente dos seus concorrentes, então o obstáculo se torna um aliado.

A empresária Mary Kay Ash[4], fundadora da empresa de cosméticos Mary Kay, define o conceito dessa forma: "Quando você se depara com um obstáculo, transforme-o em oportunidade. Você tem a escolha. Você pode ultrapassá-lo e tornar-se um campeão ou pode permitir que o obstáculo o vença e se torne um perdedor. A escolha é sua e apenas sua. Recuse 'jogar a toalha'. Caminhe aquela milha extra que os que falham se recusam a caminhar. É muito melhor estar exausto pelo sucesso do que descansado pela falha".

Pragmatismo

Um empreendedor não pode perder tempo, pois sabe que o tempo joga contra ele. A atitude pragmática se impõe pela necessidade de converter suas ideias em algo concreto.

A fundadora da empresa The Body Shop, Anita Roddick é pragmática. Ela disse: "Ninguém fala de empreendedorismo como sobrevivência, mas é exatamente isso o que é e nutre o pensamento criativo. Gerir aquela primeira loja me ensinou que os negócios não são ciência financeira; trata-se de negociar: comprar e vender".

A visão pragmática pode e deve ser desenvolvida. Muitas vezes emaranhamo-nos em teorias e explicações, mas se "limparmos" nosso ambiente o que sobra é a essência que mostra o caminho do sucesso de qualquer negócio.

Aprendi isso com meu pai: "Se comprar por 10 e vender por 20 dá certo!".

Thomas Edison, um dos inventores mais prolífico da história, tinha também uma visão muito pragmática: "Nunca desenvolvo uma invenção na qual não pense em termos do serviço que ela pode prestar a outros. Eu descubro o que o mundo precisa e, então, invento".

Tomada de Riscos

Todo empreendimento acarreta risco. Um bom empreendedor sabe administrar o risco. Aversão ao risco pode levar a um ambiente de segurança, mas não leva um empreendimento à frente por muito tempo.

Tomar risco não significa agir com irresponsabilidade ou inconsequência, mas sim ousar de forma controlada.

O proprietário e CEO da Remington falava de tomada de riscos nos seguintes termos: "Empreendedores são tomadores de risco, que desejam rolar os dados com seu dinheiro ou mesmo pôr sua reputação em risco para suportar uma ideia ou empresa. Eles, espontaneamente, assumem a responsabilidade pelo sucesso ou falha de um empreendimento e são inquestionáveis por todos os aspectos".

Persistência/Resiliência

O mais conhecido exemplo de persistência é o de Thomas Edison. Sua frase imortalizada expõe sua atitude frente às falhas: "Não falhei. Apenas descobri 10 mil maneiras que não funcionam".

Edison é lembrado como um grande inventor, que desenvolveu a lâmpada elétrica, entre outras invenções. Não é lembrado pelas centenas de tentativas frustradas de descobrir um material que se tornaria incandescente sem se queimar.

A característica marcante de um empreendedor não é falhar, mas sim levantar e tentar novamente, levando em conta o que aprendeu com os fracassos anteriores, e isso é denominado resiliência.

Costumo descrever resiliência por meio do conceito físico; por exemplo, as fibras de um carpete tendem a retornar à posição original após serem pisadas. Quanto maior a resiliência de um carpete, maior sua capacidade de retornar à posição original após ser pisado.

O conceito aplicado pela física é praticamente idêntico ao conceito de resiliência para seres humanos. Uma pessoa tenaz consegue resistir a uma enorme pressão e, caso seja também resiliente, ao superar essa situação, retorna à sua "condição original", ou seja, volta a desempenhar sua função como se nada tivesse ocorrido ou até mesmo melhora com a experiência vivida.

Existe uma lenda de um monarca na Ásia que pediu a seus sábios que criassem uma frase para ser colocada dentro de um pequeno compartimento de um anel de rubi que seus ourives estavam produzindo. Em razão do pequeno espaço a frase deveria ser curta, mas suficiente para confortá-lo em momentos difíceis. Assim foi feito. Os sábios lhe pediram para somente abrir o compartimento e ler a frase em uma situação extremamente crítica.

Passado algum tempo, seu reino foi atacado por um exercito rival e seu povo estava sofrendo muito. Com a cidade sitiada, ele se lembrou do anel e o abriu. No pequeno papel leu a frase:

"Isso vai passar."

Algumas semanas depois, seu reino conseguiu finalmente vencer a guerra e ele, exultante, chamou seus sábios para agradecer pela sábia frase que o confortou nos momentos difíceis.

Os sábios, ao chegarem, pediram que ele lesse novamente o papel. O monarca não entendeu, uma vez que fora solicitado que o lesse em momentos de dificuldade, mas obedeceu. No pequeno papel, estava escrito:

"Isso também vai passar."

Celebrar os Sucessos

No dia 26 de novembro de 2001, enviei um e-mail à minha equipe, que traduz muito bem o que pensava, e ainda penso, sobre celebrar sucessos (a única alteração foi o nome, que substitui por X):

A origem deste e-mail foi uma conversa com "X" sobre uma visita à nossa planta, na qual tivemos alguns momentos muito positivos, todos merecidos, aliás. Ocorreu-me compartilhar com vocês um pouco do que estou concluindo a partir disso.

Muitas vezes, em razão de fatores externos, e à pressão do dia a dia, nos esquecemos de comemorar nossas realizações e, principalmente, de compartilhar esses momentos de sucesso com nossas equipes.

Tenho, de certa forma, que vestir essa "carapuça" em primeiro lugar, mas não creio que serei o único. Nós não estamos competindo nesse quesito, portanto cada um que perde uma oportunidade, a perde em nome do grupo. Do mesmo modo, cada um que aproveita uma boa oportunidade está fazendo para o bem de todo o grupo.

O clima social de qualquer empresa é a somatória de incontáveis pequenos momentos individuais ou de subgrupos, os quais acabam dando o "clima" geral da organização, que não é explicável, não se define no papel, mas qualquer um percebe, sente assim que entra em uma empresa.

Nenhuma empresa tem 100% das pessoas felizes, motivadas, proativas, como também não é possível uma empresa com 100% das pessoas desmotivadas, infelizes ou apáticas (se existiu alguma certamente já faliu). Então por que será que nós dizemos que uma empresa está com um clima negativo, com a equipe desmotivada ou vice-versa? Para mim é tão simples que até parece não ser uma boa explicação. É simplesmente porque as pessoas, na sua maioria, estão transmitindo um sentimento que permeia a organização. Muitas vezes, isso nada tem a ver com o que a pessoa está sentindo. Por exemplo, se uma pessoa está supermotivada em um grupo que tem tido dificuldades em atingir seus objetivos pode parecer até uma ofensa ao grupo mostrar felicidade, motivação etc. Como reverter isso então?

Minha missão, mais do que fazer certo sempre (que eu adoraria se pudesse), é fazer com que vocês acertem mais e mais. Lembrem-se que as mudanças ocorrem sempre lentamente, infelizmente. Nesse sentido, peço que avaliem: Não podemos ser mais positivos entre nós no próximo ano? Não podemos encontrar um motivo de elogio (um, pelo menos) para cada crítica que fazemos? Não podemos encontrar boas notícias sobre nossas conquistas para enviar aos outros? Não podemos simplesmente compartilhar mais coisas boas e nos "isolarmos" um pouco das pessoas "negativas"?

Nós somos melhores que outras empresas de nosso grupo em muitas coisas, mas não nos orgulhamos suficientemente disso. Temos o melhor sistema de qualidade, os produtos com melhor qualidade, a planta mais organizada e limpa etc. Pensem. Compartilhem mais.

A cada pequena conquista, o clima melhora, a autoconfiança aflora e "o fardo" fica mais leve. Assim, as pressões por resultado não são motivo para lamentações coletivas nos corredores da empresa.

Notas e Referências

1. Lúcio Aneu Sêneca (em latim: Lucius Annaeus Seneca; 4 a.C.-65 d.C.) foi um dos mais célebres escritores e intelectuais do Império Romano. Conhecido também como Sêneca, o Moço, o Filósofo, ou ainda, o Jovem, sua obra literária e filosófica, tida como modelo do pensamento estoico durante o Renascimento, inspirou o desenvolvimento da tragédia na dramaturgia europeia renascentista.

2. Richard Branson, nascido em 1950, é um empresário inglês, fundador do grupo Virgin. Seus investimentos vão da música à aviação, ao vestuário, aos biocombustíveis e até às viagens aeroespaciais. Richard Branson é o 245º homem mais rico do mundo, segundo a revista *Forbes*, e a sua fortuna, em 2008, foi avaliada em 2,8 bilhões de dólares.

3. Nolan Bushnell, nascido em 1943, é um engenheiro elétrico e empreendedor americano fundador da Atari. Bushnell é reverenciado por fãs de videogames e é considerado o pai do videogame como o conhecemos hoje.

4. Mary Kay Ash (1918-2001) é uma empresária americana, fundadora da Mary Kay Cosméticos, em 1963, em Dallas, Texas. Atualmente, a empresa é líder de vendas nos segmentos de cuidados com a pele e maquiagem nos Estados Unidos, e está presente em mais de 30 países, sendo considerada uma das maiores empresas de cosméticos do mundo. A história dessa companhia não teve início antes de Mary Kay Ash enfrentar uma situação muito familiar para muitas mulheres.

Depois de 25 anos trabalhando no mercado de vendas diretas, Mary Kay Ash renunciou sua posição como diretora de treinamento nacional, quando um homem o qual ela havia treinado foi promovido a esse cargo com o dobro do seu salário. Sua resposta foi visionária.

Primeiro, começou a escrever um livro que ajudaria mulheres a conquistar oportunidades que haviam sido negadas a ela. Mas logo Mary Kay Ash percebeu que estava criando um plano que poderia fazer muito mais do que dar conselhos. Esse livro constituiu a base de uma nova oportunidade, na qual mulheres poderiam desenvolver seus talentos e alcançar sucesso ilimitado.

Assim, em 1963, com toda a experiência adquirida, seu plano e uma economia de 5 mil dólares, Mary Kay Ash pediu a ajuda de seu filho Richard, que na época tinha 20 anos, e criou a Beauty by Mary Kay. A princípio, essa era uma companhia dedicada a tornar ainda mais bela a vida das mulheres. Ela foi fundamentada pela Regra de Ouro — não em princípios de mercado competitivos —, por isso desenvolve as pessoas rumo ao sucesso, baseando-se sempre nas seguintes prioridades: fé em primeiro lugar; família em segundo; e carreira em terceiro. Era uma companhia, como a própria Mary Kay Ash dizia, "com coração".

5. Victor K. Kiam (1926-2001) foi um empresário americano e proprietário do time New England Patriots, entre 1988 e1991. Estudou em Yale, Sorbonne e Harvard. Tornou-se um vendedor nas empresas Lever Brothers and Playtex. Fez sua fortuna como presidente e CEO da Remington Products, a qual diz a lenda empresarial que comprou após ganhar um barbeador elétrico de sua esposa. Tornou-se o porta-voz oficial de sua empresa e imortalizou a frase: "I liked it so much, I bought the company!". Kiam escreveu três livros sobre negócios e empreendedorismo: *Going for It!: How to Succeed as an Entrepreneur*; *Keep going for it!: living the life of an entrepreneur*, e *Live to Win: Achieving Success in Life and Business*.

12 Deixando que os Gorilas Passem

*"O mundo em que vivemos não está lá fora, na rua.
Ele está em nossa própria mente."*

Yoram Wind, Colin Crook e Robert Gunther[1]

Inovação I

Dick Fosbury revolucionou o salto em altura durante os jogos olímpicos do México, em 1968, ao criar o salto de costas. Ele saltou 2,24 m, conquistando a medalha de ouro e o recorde olímpico, e seu salto passou a ser chamado de Salto Fosbury. Apenas quatro anos depois, 28 dos quarenta atletas na Olimpíada de Munique utilizaram a técnica de Fosbury. Atualmente, é a técnica mais utilizada nos saltos em altura.

Inovação II

Há 35 anos Steve Sasson inventou a fotografia digital. Seu primeiro protótipo era do tamanho de uma torradeira elétrica, e a primeira imagem mostrava apenas a silhueta de uma pessoa com 0,01 megapixels. Ele era funcionário da Kodak!

Inovação III

Há mais de vinte anos eu assisti a um filme sobre quebra de paradigmas. Esse filme mostrava exemplos de invenções que ainda não haviam sido aceitas pela indústria, por estar à frente de seu tempo e pelos paradigmas vigentes não haverem sido quebrados. Um dos exemplos mostrava uma geringonça que deveria ser um veículo, desenvolvido por estudantes, que consumia um litro a cada 100 quilômetros rodados. Uma das razões para tal performance era um sistema de freios que acumulava energia hidráulica e posteriormente a liberava, ajudando o veículo a se deslocar com menor consumo de energia. Você já deve ter ouvido falar dos freios regenerativos, que são usados nos veículos híbridos atuais.

— *Certo, mas o que seus três exemplos de inovação têm a ver com minha carreira?*

Você deve ter ouvido muitas vezes a expressão: "Controlando as formiguinhas e deixando o elefante passar".

Essa frase tem sido utilizada para enfatizar a necessidade de controlarmos o que interessa, em vez de tentarmos controlar tudo deixando de ver o essencial.

Existe outro exemplo, desta vez, com um gorila. Pretendo utilizá-lo para abordar os temas da criatividade e inovação. A questão relevante não é inovar, mas aprender a utilizar a inovação a favor de sua empresa.

— *Antes disso, porém, poderia me explicar por que, muitas vezes, deixamos de ver o essencial – os elefantes?*

Porque estamos olhando para um ponto cego. Já levou algum susto quando o seu retrovisor não mostrava nada e acabou dando uma fechada no carro que estava ao seu lado, porém no exato local em que seu espelho não era capaz de mostrá-lo? Pontos cegos não existem apenas por causa de fenômenos ópticos, mas também em função de nossos modelos mentais.

Nós criamos "retrovisores mentais" e os utilizamos para tentar enxergar o que se passa à nossa volta. No entanto, percebemos facilmente que nem sempre isso funciona.

Os professores Daniel Simons e Christopher Chabris, da Universidade de Harvard, fizeram um teste para demonstrar o conceito de ponto cego:

> Eles pediram a algumas pessoas para contarem o número de vezes que jogadores de basquete com camisas brancas passaram a bola, em um vídeo. Mais da metade das pessoas estava tão absorta na tarefa que falharam em perceber um gorila preto que cruzava o centro da cena e batia em seu próprio peito. As pessoas fizeram um bom trabalho ao contar os passes, mas um gorila estava bem na frente delas e não o viram. Este é um enorme risco, bem no centro do campo de visão que foi ignorado, porque a sua atenção estava focada em contar os passes[2].

Esse conceito de ponto cego, com base em avaliação de riscos e provocado por modelos mentais fortemente incutidos em nossas mentes, também se ajusta perfeitamente à noção de que a busca por inovação e criatividade depende de percebermos as oportunidades e não apenas os riscos.

A questão fundamental, então, é descobrir como inovar, apesar de nossos modelos mentais construídos para aumentar nossa aversão ao risco, afinal não é possível buscar inovação sem se arriscar. Ao identificarmos os verdadeiros riscos, também, estaremos posicionados para identificar as verdadeiras oportunidades.

— *Inovação se trata sempre de criar produtos revolucionários? A empresa em que trabalho não tem como criar produtos.*

A inovação abrange um vasto campo e não está restrita apenas a produtos. Pode se dar por um novo serviço, uma nova forma de distribuição, um novo modelo de negócios, um novo processo produtivo, uma nova forma de nos relacionarmos com clientes, um novo mercado, um processo administrativo mais ágil etc.

— *Invenção e inovação são palavras diferentes para definir a mesma coisa?*

Não. São realmente coisas diferentes. Invenção se dá pela criação de novos produtos ou processos através do desenvolvimento de novos conhecimentos ou da combinação de conhecimentos já existentes. Inovação se dá pela comercialização de uma invenção. Inovação ocorre através da introdução no mercado de um novo produto ou serviço ou a utilização de novos processos de trabalho ou produção.

A palavra inovação é derivada do latim *innovatio*, e se refere a uma nova ideia, método ou objeto que pouco se assemelha a padrões anteriores.

— *Pode me dar um exemplo?*

A roda foi inventada a milhares de anos. As carroças do Velho Oeste usavam rodas de madeira, assim como os primeiros automóveis, que eram praticamente carroças com motores a vapor. Então as rodas de madeira receberam pneus maciços de borracha, uma inovação na época.

Posteriormente, a roda de aço substituiu com enormes vantagens as de madeira. Foi uma inovação, sem dúvida, naquela época. A roda de liga leve foi outra inovação, pois reduziu significativamente o peso dos automóveis. Se a roda de liga leve tivesse sido mantida no campo conceitual, mesmo que patenteada, não passaria de uma invenção. Só poderia ser considerada uma inovação ao chegar ao mercado.

— *Já entendi, mas vai me mostrar o "pulo do gato"? Como aumento o potencial inovador de minha empresa ou do meu departamento?*

Kip Garland[3] diz que tendemos a tentar encontrar respostas certas para perguntas erradas, do tipo: Como inovar? Onde devemos inovar? Para ele a pergunta certa é: Como criamos perspectivas de crescimento sustentável?

Caso sua empresa não cresça, ou cresça a um ritmo menor do que o necessário para se manter competitiva, estará se tornando irrelevante.

Empresas irrelevantes tendem a desaparecer. Portanto, para buscar crescimento sustentável, temos de criar um ambiente propício à criatividade e inovação e tornar nossa empresa relevante para nossos clientes.

Temos de começar a reduzir os pontos cegos de nossa empresa e buscar os "gorilas bons" (oportunidades) e aprender a conviver com os "gorilas maus" (riscos). Para crescer de modo sustentável, sua empresa tem de encontrar os "gorilas bons" e balancear, no dia a dia, a busca da criatividade e inovação com processos e controles rígidos.

O paradoxo é que os modelos mentais presentes na grande maioria das organizações são relacionados a processos e controles. Não estou advogando o caos absoluto, mas, para inovar, é necessário um ambiente com algum grau de liberdade. Uma empresa focada demais em controles, raramente criará um ambiente propício à inovação.

— *Poderia explicar melhor?*

A Teoria do Caos acabou por popularizar o conceito conhecido como Efeito Borboleta. Este efeito foi analisado, pela primeira vez, em 1963, por Edward Lorenz que descobriu que, em sistemas complexos não lineares – nos quais não se pode aplicar diretamente o conceito de ação e reação – os movimentos caóticos, ao serem analisados graficamente, passam a apresentar uma representação padronizada, com formato de borboleta. Nesses sistemas, uma pequena variação de apenas uma das inúmeras variáveis poderia gerar um resultado completamente diferente do previsto anteriormente.

O imaginário popular criou uma analogia para esse efeito, talvez pela forma de borboleta da representação gráfica.

Essa analogia afirma que o simples bater das asas de uma borboleta em um lado do mundo poderia dar início a uma série de reações aleatórias que, se encadeadas, causariam um furacão do outro lado do planeta.

Evidentemente, a Teoria do Caos não preconiza isso; porém, o que importa, neste caso, é que a inovação se dá por sistemas complexos, com um grande número de elementos interagindo uns com outros, através de sistemas não lineares. Em 2007, os pesquisadores Anderson e Joglekar[4] conceberam uma metáfora que ficou conhecida como *Innovation Butterfly*, também baseada na Teoria do Caos.

A questão fundamental a ser enfrentada pelos gestores é que deverão, necessariamente, conviver com as incertezas inerentes a sistemas complexos, apesar de seus modelos mentais inadequados para isso.

— *Muito complicado. Por que os modelos mentais dos gestores são inadequados para lidar com inovação?*

O exemplo que melhor traduz para mim a diferença de modelos é o da bola de basquete e do balão de gás[5] que encontrei no artigo de Clemente Nogueira para Época Negócios: "Se eu atirar uma bola de basquete em sua direção, muito provavelmente você conseguirá agarrá-la. A trajetória da bola é previsível pelo modelo mental que você desenvolveu ao longo da vida. Se, por outro lado, eu segurar um balão de gás pela boca desamarrada e soltá-lo, o movimento será aleatório e você não terá como prever para onde ele irá. Não importa quantas vezes faça isso, nenhuma das trajetórias do balão será idêntica às outras e muito menos será previsível. A trajetória do balão de gás traz consigo a incerteza dos sistemas complexos (caóticos)".

Os gestores tendem a estabelecer planos de ação com tarefas responsáveis e prazos bem definidos e estabelecidos em um raciocínio do tipo "bola de basquete", quando estão lidando com algo similar a um "balão de gás". Tentam controlar um sistema complexo como se fosse um sistema linear. Seus modelos mentais não aceitam as incertezas. Acreditam que um novo produto ou processo tem todas as variáveis conhecidas e compreendidas, quando, na verdade isso é impossível.

—*Tem alguma notícia boa?*

Sim, o Efeito Borboleta, por ser imprevisível, pode também apresentar enormes oportunidades. Basta enxergar "os bons gorilas".

— *Creio que está na hora de...*

O exemplo clássico, de um enorme "gorila bom", foi o desenvolvimento de uma cola pela 3M. Esse novo adesivo não funcionou como previsto. Ele não colava bem, como haviam planejado. O Efeito Borboleta havia se materializado. Aquele "gorila" poderia se transformar em um estrondoso fracasso. Ocorre que perceberam uma grande oportunidade para o que poderia ser considerado um fracasso e criaram o Post-it, que se tornou um enorme sucesso de vendas.

A 3M utiliza um *slogan* que demonstra como convivem bem com o que outras empresas chamariam de fracasso: "É preciso beijar muitos sapos para encontrar um príncipe".

— *Alguma sugestão de como iniciar o processo de desenvolvimento de um novo modelo mental?*

A sugestão vem de Thomas Friedman em seu livro *The World is Flat*:

> À medida que o mundo se move de um sistema de criação de valor predominantemente vertical – comando e controle – para um sistema de criação de valor mais horizontal – conexão e colaboração – derrubando mais muros, tetos e pisos simultaneamente, sociedades se verão frente a mudanças muito profundas de uma só vez. Mas, estas mudanças não afetarão apenas a forma como se faz negócios, elas afetarão a forma como indivíduos, comunidades e empresas organizam a si mesmas; onde empresas e comunidades param e começam; como indivíduos balanceiam as diferentes entidades como consumidores, empregados, acionistas e cidadãos; como pessoas definem a si mesmas

politicamente e qual o papel do governo no gerenciamento de todos esses fluxos.

Isso significa que sua empresa tem, necessariamente, que se reorganizar para poder privilegiar um pouco mais as novas formas de interação. Devem privilegiar as interações conectivas e colaborativas em detrimento do tradicional sistema de comando e controle. Não dá para imaginar isso, se não for algo que venha de cima para baixo, com total apoio da alta direção da empresa.

— *Pode apresentar sugestões mais concretas para obtermos inovação, apesar de todas essas restrições decorrentes dos modelos de gestão vigentes? Não tenho poder para mudar minha empresa, mas quero contribuir dentro de meus limites hierárquicos.*

Tem razão. Vou apresentar algumas sugestões concretas que poderá aplicar, independentemente da mudança organizacional completa, que seria o ideal.

- Falhas

Promova uma cultura de afastamento do medo de errar. Incentive a necessidade de errar logo para poder analisar o que deu errado e tentar outra vez, mais rapidamente ainda. Quanto mais rápido sua equipe aprender com os erros, mais próximos do sucesso estarão.

Tom Peters define como encarar falhas em uma frase curta: "Falha é a chave do sucesso. Ponto final".

- Mudanças

Aprenda a tirar proveito dos sinais de pequenas mudanças. Qualquer mudança representa uma oportunidade ou uma ameaça. Muitas empresas se beneficiam por perceberem, antes dos seus concorrentes, que o mercado está mudando, que seus clientes estão mudando e, dessa forma, podem reagir antecipadamente.

O problema é que somos treinados para identificar ameaças; então, não espere nada muito diferente do que foi treinado para fazer. A cada mudança, encontrará as ameaças mais facilmente do que as oportunidades.

Ao descobrir algumas poucas oportunidades, procure entender como poderia usá-las para benefício de sua organização. Proponha algo novo que leve em consideração as oportunidades identificadas.

- Tendências

Como identificar uma nova tendência? Existe uma regra infalível: Ao ouvir algo novo pela terceira vez em um curto período de tempo, estará diante de uma nova tendência.

Novas tendências são excelentes por virem com inúmeras situações "mal resolvidas". Isso é uma ótima oportunidade para transformá-las em soluções "bem resolvidas".

- Aprendizado

Institua junto à sua equipe a cultura do aprendizado contínuo. O processo seria algo como: Errar rápido – Aprender rápido – Testar outra solução rapidamente – Aprender rápido – Testar outra solução rapidamente – Aprender rápido.

Manter os ciclos do tipo teste-aprendizado-teste-aprendizado ininterruptamente até alcançar o ponto onde pode levar o produto ou serviço para o mercado.

- Conectar-Colaborar

Lembre-se que nos dias atuais nem você nem sua empresa conseguirão fazer tudo sozinhos.
Tome como exemplo a indústria automobilística. Eles dependem da criatividade e inovação dos seus forne-

cedores de subsistemas para lançar um carro inovador. Por exemplo, a BMW anunciou, recentemente, que disponibilizará um sistema de visão noturna em alguns modelos. Esse sistema será capaz de identificar, no escuro, obstáculos que ofereçam risco e alertar o motorista em uma tela no painel do automóvel. A BMW não precisa desenvolver a tecnologia de visão noturna a partir do zero. Precisa se conectar com um fornecedor que domine o *know-how* e trabalhar de forma colaborativa para juntos chegarem a um sistema confiável, economicamente viável e inovador.

Coloque-se agora na posição de fornecedor e não de cliente. Conecte-se com seu cliente e procure entender profundamente suas necessidades. Conheça sua visão de futuro, sua estratégia, seus planos, seus problemas-chave.

Não tente vender seu produto. Tente encontrar a solução para a necessidade de seu cliente.

- Inspiração pela Necessidade

Uma grande fonte de inspiração para a inovação se dá pela própria necessidade. Como disse Tom Peters: "A necessidade é a mãe da inovação".

Um exemplo interessante se deu pelo simples conselho de um chefe a um subordinado. Em 1895, William Painter, inventor de uma tampa descartável para garrafas, disse a seu vendedor: "Por que não inventa algo que possa ser usado uma vez e jogado fora?".

Essa sugestão atormentou o vendedor de quarenta anos de idade. Encontrar a resposta àquela sugestão tornou-se uma necessidade, até que ele parou diante do espelho, com uma navalha na mão para fazer a barba. Ele se chamava King Camp Gillette. Acho que não preciso dizer o que ele criou.

Outro grande exemplo de inovação pela necessidade foi o da caneta esferográfica. Um escultor, pintor e jornalista húngaro chamado Ladislao Biro trabalhava também como revisor de textos impressos. Para executar sua função de revisor, Biro precisava recarregar, com frequência, sua caneta tinteiro e isso o incomodava muito, além de manchar incessantemente os papéis.

No início dos anos 1930, ele e seu irmão Georg, um químico, começaram a desenvolver uma caneta que não precisaria ser recarregada frequentemente e não mancharia as páginas. Eles estavam testando uma ponta com uma esfera que girava em contato com o papel, liberando a tinta de um reservatório.

Em 1943, eles se mudaram para a Argentina e conseguiram financiamento para lançar um modelo sob o nome de Birome. Pouco depois, abriram uma fábrica no Reino Unido para fornecer canetas para a Real Força Aérea (Royal Air Force). Após alguns anos sua empresa foi adquirida pela BIC.

- Valorize Todas as Áreas

Inovação não se restringe a produtos. Valorize qualquer iniciativa, em qualquer área da empresa. Uma nova forma de emitir um pedido, uma nova forma de executar um procedimento, a eliminação de uma etapa ou de um processo, etc. Ao contrário do que muitas empresas acreditam, não é um memorando do CEO, mas a valorização sistemática de iniciativas em todas as áreas da empresa criará a cultura de inovação.

Quando se diz que a alta direção deve apoiar o processo e a mudança de cultura da organização, não é de modo formal, mas de modo pragmático e sistemático, com interesse sincero nas mudanças rumo à inovação.

Conclusão

Este capítulo trata de inovação; logo, cheguei à conclusão que deveria terminá-lo de forma inovadora.

Proponho, então, um paradoxo: um "final inacabado". Use sua experiência pessoal e proponha mais três sugestões aplicáveis concretamente para acelerar o processo de inovação em sua organização.

Você terminará o capítulo para mim (sem direito a participação nos resultados).

Sugestão1: _____
_____
_____
_____

Sugestão 2: _____
_____
_____
_____

Sugestão 3: _____
_____
_____
_____

Notas e Referências

1. Frase do livro *A Força dos Modelos Mentais*, publicado pala Bookman.
2. Tradução livre de "As one demonstration of such blindspots, consider a study by Daniel Simons and Christopher Chabris

at Harvard University. They asked subjects to count the number of times basketball players with white shirts pitched a ball back and forth in a video. More than half the subjects were so engrossed in the task that they failed to notice a black gorilla that walked into the center of the scene and beat its chest. The subjects may have been doing a good job of counting the basketball passes, but a gorilla was right in front of them and they didn't see it. This is a huge risk, right in the middle of the frame of vision that was ignored because their attention was focused on counting the passes". Este parágrafo foi retirado da página 10 do artigo "The Silver Lining: Seeing Opportunities in Risk", do professor Yoram (Jerry) Wind, da Wharton University, publicado em 27 de abril de 2005. Consultado no site: <http://marketing.wharton.upenn.edu/documents/research/0504_The_Silver_Lining_Seeing_Opportunities.pdf>.

3. Kip Garland é consultor de empresas e criador da empresa de consultoria Innovation Seed.

4. Anderson, E. G. Jr. e Joglekar, N. R. (2007). "Chasing the Innovation Butterfly with 'Systems Thinking'", *The Systems Thinker*, 18(9): 7-9.

5. Coluna de Clemente Nogueira para *Época Negócios,* em 20 de maio de 2009, no site: <http://colunas.epocanegocios.globo.com/ideiaseinovacao/2009/05/>.

13 Alfa Dogs e Líderes

"Gerenciar é fazer certo as coisas e liderar é fazer as coisas certas."

Peter Drucker[1]

Os treinadores de cães de corrida de trenó, no Alasca, utilizam um método singular para escolher o líder da matilha.

Os trenós de corrida são puxados por 16 cães, agrupados em oito pares.

Os treinadores alternam cães jovens, de forma que todos possam ocupar uma posição na primeira fila até descobrirem qual deles é o melhor líder.

— Mas qual o critério para a escolha?

Muito simples: líderes lideram!

Não adianta nada possuir habilidades e competências de liderança se o grupo não acreditar no indivíduo com tais competências e não segui-lo.

Os líderes são invariavelmente seguidos por seus liderados. A prioridade de um líder não pode ser a de agradar aos seus liderados. O líder deve tomar as decisões, com o máximo respeito às pessoas e com a máxima integridade, em benefício dos resultados e da estratégia de sua empresa. Mesmo assim, muitas vezes deixará feridos no caminho, mas, se for realmente um líder, estes entenderão e respeitarão suas razões mesmo que discordem dele.

O maior risco é que quanto mais alto o nível de liderança que atingimos, maior a "autoridade" adquirida e menor a disposição para ouvirmos o que os outros têm a dizer.

— Está buscando a remissão pelos seus erros?

Não peço clemência. Estou mostrando onde errei para que você tenha a chance de cometer erros mais inteligentes do que os meus. Para isso, me espelho em Raul Pompéia[2] que escreveu, em O Ateneu: "Chorava à noite, em segredo, no dormitório; mas colhia as lágrimas em uma taça, como fazem os mártires das estampas bentas, e oferecia ao Céu, em remissão dos meus pobres pecados, com as notas más boiando".

Luto para que minha inteligência seja capaz de superar meu ego e minha vaidade.

Pode ser que fique chocado, mas ouso dizer que os seres humanos não diferem muito dos cães, pelo menos no que tange à liderança (para ser muito sincero, acredito que os cães sejam melhores do que os seres humanos em muitos aspectos). Do mesmo modo que os cães, também queremos ser liderados e poucos são os que se dispõem a liderar, pois é uma tarefa árdua.

Os cães necessitam de uma liderança para se sentirem parte do grupo e querem a segurança de saber o que se espera deles. A maioria dos cães não quer ser o cão alfa, o líder. Eles querem que o alfa lhes mostre o que devem fazer e tome as decisões mais importantes por eles. Não lhe soa familiar?

Liderar é difícil! Um líder produz consequências tanto por aquilo que faz como pelo que deixa de fazer. Assim, proponho que erre pela ação e não pela omissão.

As pessoas têm medo das críticas, mas os líderes devem aprender a conviver com isso. Aristóteles coloca a questão da crítica nos seguintes termos: "A crítica é algo que você evita com facilidade; é só não dizer nada, não fazer nada e não ser nada".

Os melhores líderes são aqueles que preparam suas equipes para enfrentar os futuros desafios.

Nunca subestime a história. Por melhor que estejam as coisas, alguma dificuldade ou algum desafio aparecerá. E, quando uma dessas situações turbulentas se apresentar, lembre-se de Peter Drucker: "Um período de turbulência é muito perigoso, mas o maior perigo é a tentação de negar a realidade".

— *O que posso fazer para minimizar esses riscos?*

Responda às três questões a seguir e estará preparado.

- Você está preparado para enfrentar a realidade?

- Sua equipe está preparada para enfrentar as futuras turbulências?

- Sua equipe está preparada para assimilar as decisões que você terá de tomar?

Quem é Você?

Mesmo quando estamos diante do espelho, não nos vemos como realmente somos, pois nossa imagem está invertida. Nos aspectos não visíveis é ainda mais difícil nos percebermos de modo similar ao que somos percebidos pelos outros.

Nossa verdadeira imagem é construída por intermédio do que os outros veem em nós, não no que "vemos no espelho". Não somos o que acreditamos ser, somos o que dizemos e o que fazemos.

Um dos maiores presentes que podemos nos dar é melhorar, continuamente, nossa capacidade de autopercepção. Temos que tentar contrariar John C. Maxwell: "A natureza humana parece nos dotar da habilidade de formular conceitos sobre todas as pessoas, exceto sobre nós mesmos".

Tente "pintar autorretratos" periódicos em sua mente. Compare os autorretratos e diga se o que "vê" está se degradando ou evoluindo com o passar do tempo.

Thomas J. Watson[3] afirmou: "Nada é mais conclusivo para provar a capacidade de liderança de um homem que as ações empreendidas, dia após dia, para liderar a si próprio".

Você está investindo tempo e recursos em seu próprio autodesenvolvimento?

— *Suponho que sim. Há mais alguma coisa que eu possa fazer para desenvolver minha capacidade de liderança?*

Sugiro que pense em temas que todos os líderes deveriam priorizar. Vou sugerir algumas áreas em que pode se desenvolver:

Realização — Atividade é diferente de realização. Estar ocupado não garante que vá você atingir as metas estratégicas de sua empresa. Pare para pensar no que tem priorizado e responda se isso é relevante para o sucesso de sua empresa.

Paixão — Grandes líderes são apaixonados pelo que fazem. Não se iluda. Se não estiver apaixonado pelo que tem feito, muito provavelmente não estará encontrando seguidores. Líderes são seguidos. Líder sem seguidores é uma utopia. Se não gosta do que faz, mude.

Relacionamentos — Líderes sempre encontram tempo para as pessoas, incluindo seus clientes, seu chefe, seus liderados e sua família. Como disse Jim Rohn[4]: "Um dos maiores presentes que se pode dar a uma pessoa é atenção".

Desenvolver Pessoas — Os grandes líderes são, em geral, generosos. Por não terem um nível de insegurança elevado, tendem a compartilhar o que aprenderam com espontaneidade. Você está desenvolvendo outras pessoas para ocuparem posições de liderança?

Coerência — Líderes primam pela credibilidade. São responsáveis pelas opiniões que expressam.

"Quem é você que não sabe o que diz?
Meu Deus do céu que palpite infeliz!"

Noel Rosa[5]

Administração dos Erros — John Maxwell, em *O Livro de Ouro a Liderança,* diz: "Quando se trata de sucesso pessoal, o que importa não é o número de erros que se comete, mas o número de vezes que se repete o erro".

Administração dos Fracassos — Os líderes sabem conviver bem com as derrotas temporárias. Perceba que utilizei a expressão "derrotas temporárias", para enfatizar a forma como encaram os fracassos. Por possuírem alta resiliência, não se deixam abater facilmente. Sobre isso, a psicóloga americana e colunista Joyce Brothers diz: "A pessoa interessada no sucesso precisa aprender a ver o fracasso como uma parte saudável e inevitável do processo de ascensão".

Contribuição — As empresas mudaram. O ambiente competitivo em que vivemos não permite que as empresas definam tudo o que devemos fazer. A dinâmica dos negócios exige que tomemos decisões rápidas e em grande número.

Os melhores líderes são aqueles que conseguem estabelecer as áreas onde podem maximizar sua contribuição para as metas estratégicas da empresa em que atuam.

Notas e Referências

1. Peter Ferdinand Drucker (1909-2005) foi um filósofo e economista de origem austríaca, considerado o pai da administração moderna. É o mais reconhecido dos pensadores do fenômeno dos efeitos da globalização na economia em geral e nas organizações em particular — definindo a administração moderna como a ciência que trata das pessoas nas organizações, como dizia ele próprio.

   Peter Drucker afirmava que a empresa que conseguir vender o produto/serviço certo, para o cliente certo, com a distribuição adequada, por um preço adequado e no momento oportuno, verá seus esforços de venda reduzir-se a quase zero, ou seja, a venda tornar-se-a automática em função de a demanda ter sido corretamente equacionada e trabalhada. Pode-se afirmar que não há *management theory* (teoria da administração) que não parta da obra de Drucker.

   CONCEITOS DE DRUCKER: "(re)privatização" significa a privatização dos serviços públicos como forma de reduzir a burocracia. O seu segundo conceito pode ser a "gestão por objetivos", ou seja, é um tipo de gestão caracterizada por um método de planejamento e avaliação, baseado em fatores quantitativos. Já o terceiro conceito é a "descentralização das empresas" que era explicado por ele como sendo a divisão de trabalho.
2. Raul d'Ávila Pompéia (1863 - 1895) foi um escritor brasileiro. Ainda menino, mudou-se com a família para o Rio de Janeiro. Matriculado no colégio Abílio, distinguiu-se como aluno estudioso, bom desenhista e caricaturista. Na época, redigia o jornalzinho *O Archote*. Prosseguiu seus es-

tudos no Colégio Pedro II e publicou em 1880 seu primeiro romance *Uma tragédia no Amazonas*. Em 1881, matriculou-se na Faculdade de Direito de São Paulo, participando das correntes de vanguarda, materialistas e positivistas, que visavam fundamentalmente à abolição da escravatura e à República. Ligou-se a Luís Gama e participou intensamente das agitações estudantis. Paralelamente, iniciou a publicação no *Jornal do Commercio* do Rio de Janeiro, dos poemas em prosa *Canções sem Metro*. Reprovado no terceiro ano da faculdade, terminou o curso em Recife. De volta ao Rio de Janeiro, iniciou-se no jornalismo profissional escrevendo crônicas, folhetins e contos. Integrava as rodas boêmias e intelectuais, e, aos poucos, impôs-se como escritor. Em 1888, deu início à publicação de um folhetim na *Gazeta de Notícias*, e, no mesmo ano, publicou o romance *O Ateneu*, uma "crônica de saudades", que lhe deu a consagração definitiva como escritor. Após a Lei Áurea e a Proclamação da República, prosseguiu em suas atividades de jornalista político, engajando-se no grupo dos chamados "florianistas". Entregou-se a um exaltado nativismo. Tendo pronunciado um inflamado discurso junto à tumba de Floriano Peixoto (1895), foi demitido do cargo que ocupava na Biblioteca Nacional. Suicidou-se com um tiro no peito numa noite de natal, no escritório da casa onde morava com a mãe, que assistiu à sua morte.
3. Thomas John Watson (1874-1956) foi um empresário americano, o primeiro presidente da IBM.
4. Jim Rohn (1930-2009) foi um empreendedor americano, autor e palestrante motivacional. Seu livro *Five Major Pieces to the Life Puzzle*, publicado em 1991, foi construído ao redor do que considerava os cinco componentes do sucesso:
    - Filosofia — como você pensa.
    - Atitude — como você sente.
    - Ação — o que você faz.
    - Resultados — medir frequentemente para ver se está progredindo.

- Estilo de Vida — o tipo de vida que você pode se dar a partir dos quatro componentes anteriores.
5. Noel de Medeiros Rosa (1910-1937) foi sambista, cantor, compositor, bandolinista, violonista brasileiro e um dos maiores e mais importantes artistas da música no Brasil. Teve contribuição fundamental na legitimação do samba de morro no "asfalto", ou seja, entre a classe média e o rádio, principal meio de comunicação em sua época — fato de grande importância, não só para o samba, mas para a história da música popular brasileira.

14 Abracadabra!

"Em geral, procuramos o mago com a varinha de condão para promover a organização. Porém, para estabelecer, manter e restaurar uma teoria não é preciso instalar um Gengis Khan ou um Leonardo da Vinci no comando. Não é questão de genialidade, mas de 'arregaçar' as mangas. Não é questão de astúcia, mas de escrúpulos. Para isso, um presidente é pago."

Peter Drucker

Concorda com Drucker, quando diz que não deveríamos tentar encontrar alguém com uma varinha de condão para "colocar a empresa nos trilhos"?

Se pensou em responder sim, pertence a uma minoria.

A realidade é que queremos soluções rápidas. Mesmo que seja uma utopia, em geral, tendemos a ouvir com simpatia as promessas de milagres como: "emagreça 10 quilos em um mês comendo tudo o que quiser" e, depois, procure um bom médico para tentar diminuir o "estrago".

Não poderia ser diferente nas empresas, pois são constituídas das mesmas pessoas que se deixam atrair por pós milagrosos que, misturados com água, se transformam em um *milk shake* mágico e substituem refeições completas, compram aparelhos vibratórios que substituem os exercícios físicos, compram essências que atraem mulheres como se transformassem o comprador em um Antonio Banderas instantâneo, compram chás afrodisíacos.

— *Me respeite. Sabe que nunca fiz nada disso.*

Desculpe-me pelo exagero. Não leve para o lado pessoal. Quero que pense, excluindo meus exageros, se em certas situações de alta pressão, não ficaria tentado a procurar soluções rápidas para os problemas, mesmo que, em certos casos, o bom senso indique que isso é impossível?

O tema que pretendo destacar é o da busca de soluções simplistas para problemas complexos.

— *Que chatice, está parecendo aula de cálculo diferencial.*

Seja forte. Não é tão chato nem tão complexo como cálculo diferencial e integral, mas devo concordar com você que o motivo pelo qual muitos buscam o caminho mais curto é exatamente para fugir desse sentimento de frustração que a complexidade traz.

O que importa, como disse Drucker, é que façamos o trabalho para o qual somos pagos.

— *Está querendo que eu caia nessa conversa fiada? Por que não começa logo me dizendo o que sugere quando as coisas parecem uma prova de cálculo integral?*

Está certo. Já que entendeu o assunto em pauta, vamos falar de como sair de situações como essa.

Aprendi com um dos meus ex-chefes (um dos melhores) que a melhor forma de engolir um elefante seria cortando-o em pequenos pedaços e ingerindo um pedacinho de cada vez. Ele me dizia isso quando a situação estava tão complexa que nem mesmo ele tinha algo concreto para me sugerir, mas aquelas palavras sempre me fizeram voltar à situação que estava enfrentando com outro olhar.

Muitos dos problemas, que nos parecem muito maiores do que nossa competência para resolvê-los, não passam de uma enorme quantidade de coisas que podemos administrar ou que podem ser administradas por alguém de nossa própria organização, mas que, vistas no conjunto, se mostram como algo grandioso e intangível.

Ao "desconstruir" uma situação complexa, encontraremos coisas inimagináveis que ocorreram pouco tempo antes, como problemas de relacionamento que nem apareciam na foto. É algo como assistir a um programa que recria um desastre aéreo no sentido inverso do que ocorreu. Ao assistir a um programa desses, o que parecia apenas um monte retorcido de metal e milhões de pedacinhos de um avião vai tomando forma e as peças do quebra-cabeças vão se encaixando.

A árdua tarefa dos inspetores que analisam o desastre, ao final, acaba parecendo apenas um exercício de lógica e bom senso, aplicado com uma enorme dose de paciência e determinação.

A sua empresa vive, diariamente, o que comparado a um avião, poderíamos chamar de "desastres" ou de "quase acidentes". A estatística da aviação mostra que são necessários vários incidentes graves ou "quase acidentes", até que um acidente real ocorra.

Por exemplo, na sua empresa, haverá muitos sinais de insatisfação dos clientes, ou até mesmo a perda de um cliente menor, até que perca um dos grandes.

Então, não lhe parece sensato tratar cada "sinal" como se fosse uma tragédia e evitar uma de verdade?

Pense nos sinais como pedacinhos do elefante e pense na tragédia como o elefante inteiro. Os sinais, em geral, se mostrarão a partir de parte do problema maior e, assim, ficará menos penoso encontrar as possíveis soluções.

Com essa atitude, você e sua equipe se antecipam aos fatos e acabam por criar um histórico de alta performance. A má notícia é que tenderão a não mais apagar incêndios.

— *Não conhece meu chefe.*

Realmente não conheço o seu chefe, mas sei que algumas empresas e, portanto, alguns chefes ainda gostam daquela atitude de *Indiana Jones*. Muitos chefes simplesmente adoram ver as pessoas "correndo para buscar mangueiras ou macas". Muitos nem percebem que quem "botou fogo" foi o mesmo indivíduo que está correndo para "buscar o extintor de incêndio".

Antes de achar que tudo está perdido, que precisa mudar de emprego, sugiro que tente explicar ao seu chefe o caminho que escolheu e mostrar-lhe os enormes problemas potenciais que está evitando, ao escolher essa rota.

Sabemos, entretanto, que em alguns casos, as pessoas não merecem os chefes que têm.

Quase certamente você também poderá estar atuando na posição de chefe. Se estiver ocupando um cargo de chefia, sugiro que assuma a postura de "chefe-líder". O termo chefe lhe foi dado por sua empresa. O termo líder você terá de acrescentar, pela sua atuação no dia a dia. A posição de líder é conquistada pelo ocupante do cargo.

Sua responsabilidade, como "chefe-líder" é dar suporte e rumo à sua equipe. Eles farão o trabalho duro, mas se tiverem alguém que os ajude a "picar elefantes", o farão com menos sofrimento e em menor tempo.

— *Como saberei se está dando certo?*

Se sua atitude for correta, ao final de algum tempo sua equipe será reconhecida como um modelo de desempenho na empresa.

Não adianta nada achar que estamos fazendo a coisa certa se os resultados não mostrarem isso.

Não ache nada. Meça os resultados e estes lhe mostrarão se está certo ou errado no caminho que escolheu para conduzir sua equipe.

15 Ethos, Logos, Pathos

"Uma das deformações de nossos militares é confundirem comando com liderança. Comando é a capacidade de fazer executar ordens através da hierarquia. Liderança é a capacidade de formar opiniões através da persuasão."

Roberto Campos[1]

O supervisor de uma grande loja de departamentos havia contratado um novo vendedor. Como sempre fazia, decidiu acompanhar a performance de recém-contratado no seu primeiro dia de trabalho. Abordou um dos clientes que acabara de entrar na loja e perguntou-lhe o que buscava.

— Agulha e linha de crochê.
— Fale com o João, aquele vendedor ali.

O supervisor acompanhou a venda a distância.

Após levar o cliente à seção de armarinho e pegar agulha e linha, João levou o cliente até a seção de artigos para pesca. Com a ajuda do vendedor, o cliente escolheu uma vara de pescar de fibra de vidro, um molinete importado e iscas artificiais.

Dirigiram-se então à seção náutica, onde escolheu um bote inflável e, finalmente, se decidiu por um pequeno motor de popa, remo e tanque de gasolina.

Após a saída do cliente, impressionado com a primeira venda, o supervisor pergunta ao vendedor:

— Incrível, João, o cliente queria agulha e linha. Como conseguiu vender tudo aquilo?

— Perguntei para que eram a agulha e linha de crochê e ele me disse que eram para a sogra que ia passar o fim de semana com a filha.

— Não entendi — retruca o supervisor.

— Eu disse a ele que uma vez que o fim de semana estava perdido, por que ele não ia pescar?

Apesar de correr o risco de ser criticado por aqueles cujas sogras fogem muito do estereótipo, creio que a anedota anterior seja muito boa para explicar o conceito de persuasão.

Aristóteles propôs que, para ser eficaz, a persuasão deve conter três elementos:

- caráter (*Ethos*);

- lógica (*Logos*); e

- emoção (*Pathos*).

Talvez concorde comigo que o vendedor foi lógico — (o "fim de semana perdido" foi aceito sem restrições pelo cliente), capturou o cliente pelo seu emocional (a possibilidade de fugir do fim de semana com a sogra) — e propôs uma solução para o dilema (a pescaria) de modo muito sincero e convincente, assim, acabou por utilizar os três elementos sugeridos por Aristóteles.

— *Vai me ensinar a embromar as pessoas?*

Nem pense nisso. Persuasão não é, necessariamente, algo pejorativo, como muitos creem. O termo foi muito bem definido por Américo de Sousa[2] no livro *A Persuasão*:

Persuadir é o mesmo que convencer, levar alguém a crer, a aceitar ou decidir (fazer algo), sem que daí decorra, necessariamente, a intenção de iludir ou prejudicar, tão pouco a de desvalorizar a sua aptidão cognitiva e acional. Pelo contrário, o ato de persuadir pressupõe um destinatário que compreenda e saiba avaliar os respectivos argumentos, o que implica reconhecer o seu valor como pessoa, como centro das suas próprias decisões.

Sei que está pensando que muitos utilizam técnicas de persuasão sem o mínimo respeito pelo outro (lembre-se dos programas eleitorais, por exemplo), mas o próprio Américo de Sousa acrescenta que "Condenar, porém, a persuasão em abstrato, seria um juízo *a priori* muito semelhante ao de admitir uma ilicitude sem ilícito".

Não é uma faca quem comete um crime. A mesma faca que ajuda na preparação de um jantar poderia matar. Só que ninguém pensaria em condenar a faca. Não é a persuasão, em si, que é negativa, mas a possibilidade de seu uso de forma inadequada.

— *Entendi. Não usarei de modo ilícito, mas pode me falar um pouco mais dos três requisitos de Aristóteles?*

Sem dúvida.

Ethos – Caráter

Caráter refere-se à confiabilidade e credibilidade que alguém tem do ponto de vista do outro. O caráter cria a expectativa de uma pessoa de poder confiar na sua palavra. Já aconteceu de desconfiar de alguém sem nenhum motivo aparente? Já teve aquele primeiro contato em que a pessoa lhe transmite tudo, menos confiança?

Confiança é algo visceral, enquanto credibilidade é algo mais intelectual. O grande Carlos Drummond de Andrade

definiu: "A confiança é um ato de fé, e esta dispensa raciocínio".
Podemos construir o "ethos" por meio de nossa reputação, nossa integridade e consistência nos nossos relacionamentos. E o próprio Aristóteles afirmou: "O caráter poderia ser considerado o meio mais eficaz de persuasão".

Logos – Lógica

Já imaginou alguém tentando convencê-lo com argumentos absolutamente irracionais? Quanto maior a lógica na sua argumentação, mais difícil para a outra parte refutá-la.
Quanto mais suporte racional der aos seus argumentos, mais eficaz será a tentativa de persuadir.

Pathos – Emoção

Sua argumentação precisa atingir sentimentalmente o outro, precisa despertar sua imaginação e, em seguida, sua emoção. O outro precisa se sentir melhor escolhendo a alternativa que você lhe oferece do que a refutando.
Agora que já conhece os três pré-requisitos, vamos discutir algumas técnicas de persuasão.
Um dos mais conceituados autores na área da persuasão é o professor Dr. Robert B. Cialdini, autor de vários livros, entre eles *Influência: Ciência e Prática* e *Influência: A Psicologia da Persuasão*.
Cialdini definiu seis áreas de facilitação do processo de persuasão:

1. Reciprocidade
As pessoas tendem a retribuir favores ou ajudas sinceras. Crie um histórico consistente de colaboração e, no mo-

mento que precisar, o princípio da reciprocidade vai lhe retribuir.
As pessoas tendem a retribuir "na mesma moeda" que receberam.

2. Amizade
As pessoas são facilmente persuadidas por pessoas de que gostam. Cialdini cita como exemplo o marketing da Tupperware, que agora é denominado marketing viral.
As pessoas são mais propensas a comprar quando gostam da pessoa que efetua a venda, são mais propensas a dizer "sim" aos seus amigos ou conhecidos.
Para explorar esse princípio, aprenda a reconhecer, sinceramente, os outros pelas suas qualidades. Aprenda a elogiar os pontos fortes dos outros, sem demagogia. Seja sinceramente generoso.

3. Compromisso e Consistência
Quando as pessoas se comprometem, verbalmente ou por escrito, com uma ideia ou objetivo, estão mais propensas a honrar esse compromisso porque estabeleceram que a ideia ou compromisso é congruente com sua autoimagem.
Aprenda a conseguir um compromisso da outra pessoa para com sua ideia ou proposição. Descubra o que faria a pessoa se sentir melhor, caso cumprisse o compromisso ou a meta que está lhe propondo.

4. Validação Social
As pessoas tendem a fazer mais facilmente coisas que os outros já estão fazendo.
Alguns hotéis, por exemplo, mudaram a forma de sugerir que as pessoas economizem água e detergentes. Em vez de apelar para os princípios ecológicos, dizem: "X% dos nossos hóspedes já optou por não lavar as toalhas todas as vezes que as usam. Se quiser se juntar a eles, deixe sua toalha pendurada no cabide. Com isso, estará

ajudando a criar um mundo mais sustentável". A aderência ao programa aumenta em razão do princípio da validação social.

5. Autoridade
As pessoas tendem a seguir ou obedecer a figuras nas quais reconhecem autoridade. Em nosso caso, autoridade se traduz em reconhecido saber. Ajude aos outros onde o seu conhecimento ou nível de informação supera o deles.

6. Escassez
Se existe escassez ou um limitante para algo, as pessoas tendem a ser mais flexíveis para obtê-lo. As ofertas, por tempo limitado, levam em conta esse princípio.
Aprenda a evidenciar os benefícios únicos que o outro teria ao aceitar seu produto, sua proposta ou tese. Aprenda a utilizar bem as informações exclusivas (raras).

Líderes Devem Influenciar Pessoas

Muitos gestores falham por não aceitar que parte de seu trabalho (a maior parte, aliás) é influenciar pessoas.

As primeiras pessoas a serem influenciadas são os próprios liderados.

Os gestores que conseguem avaliar, corretamente, as prioridades de sua área, que estabelecem metas adequadas e coerentes com as prioridades e iniciam rapidamente o processo de convencer seus liderados a se juntar a eles, na busca de tais metas, são os que conseguem os melhores resultados.

Cabe aos gestores influenciarem, também, outras pessoas que ajudarão na consecução das metas, até mesmo seus próprios chefes, caso precisem de recursos adicionais ou de apoio para romper resistências de outros departamentos ou grupos dentro da empresa.

— *Certo, mas dá para dizer como devo utilizar os conceitos na prática?*

Sim, você deve sempre:

- Explicar a importância do que está tentando conseguir. Caso queira que alguém faça algo, explique a importância disso ser feito.

- Considere os outros tão ou mais inteligentes do que você. Use argumentos lógicos e coerentes para conseguir o que quer. Caso não esteja convencido de que seus argumentos são realmente lógicos, melhor procurar outros.

- Considere as necessidades emocionais dos outros e aproveite as eventuais oportunidades de explorar o lado emocional, caso isso o ajude no que precisa.

- Use linguagem e argumentação apropriadas à personalidade e à instrução da pessoa que precisa convencer ou influenciar.

- Estabeleça um objetivo antes de tentar influenciar alguém. Jamais se esqueça de seu objetivo inicial. Uma argumentação longa ou complexa pode desviá-lo muito desse objetivo.

- Mostre ao outro, sempre que possível, os benefícios pessoais que ele terá, caso aceite sua proposição.

Conflitos Construtivos

Nem sempre as coisas correm como planejamos. Muitas vezes, temos de administrar conflitos. Se isso ocorrer, melhor que seja um "conflito construtivo".

O termo "conflitos construtivos" foi estabelecido por Mary Parker Follett, uma estudiosa das relações humanas, que foi muito contestada por suas ideias serem revolucionárias naquela época. Peter Drucker, posteriormente, a chamou de "profetisa do gerenciamento".

Follett afirma que as divergências são extremamente importantes porque revelam uma diferença de opinião que cedo ou tarde se manifestará, de forma danosa ou não. Follett afirma que existem três soluções possíveis para o conflito. A primeira seria a dominação em que um dos lados, o mais forte provavelmente, predominará e terá suas exigências atendidas, enquanto o outro lado não terá nenhuma de suas exigências atendidas e, assim, o conflito será na verdade sufocado. A segunda alternativa, apontada por Follet, diz que os dois lados cederão cada qual um pouco, e um meio-termo será adotado como solução. A esse método denominou conciliação, uma alternativa apontada por ela como nociva a ambos os lados, já que nenhum tem suas reivindicações plenamente atendidas. Em contrapartida, a solução ideal proposta por ela é a integração, na qual a resposta ao dilema não está concretizada e deve, portanto, ser pensada, inovada, criada. A integração parte do pressuposto que o conflito existe porque demandas não são atendidas, e essas demandas não devem ser suprimidas, e sim supridas.

No entanto, ela reconheceu que nem todas as disputas poderiam desse modo ser resolvidas e que embora seja a solução ideal, nem sempre é a real e, portanto, muitas vezes a conciliação e até mesmo a dominação são as alternativas concretas[3].

A melhor forma de estabelecer vínculos duradouros e profundos com seus liderados (ou mesmo com clientes e outros *stakeholders*) é estabelecer um ambiente propício à discordância.

Não existe nada de errado em divergência de opiniões, desde que estas sejam discutidas até que se obtenha um consenso verdadeiro.
— *Consenso verdadeiro? Está tentando me confundir?*
Consenso verdadeiro é aquele em que as partes realmente chegam a um termo, no qual todos estão mais satisfeitos do que antes da discussão. Não é fácil conseguir isso. Em minha vida profissional, o que mais presenciei foi o consenso por cansaço de uma das partes ou o consenso por hierarquia, o que, obviamente, não é consenso.

Tria Officia

Cícero[4], um filósofo e grande orador Romano, que estudou a retórica grega, estabeleceu três formas de persuasão, às quais chamou de *tria officia*. Essas três formas são:

- **Convencer** (*cum* + *vincere*) – Trata-se de persuadir a mente do outro por meio de argumentação lógica, seja pelo método indutivo (através de exemplos) ou método dedutivo (através de argumentos). Poderia ser comparada ao ato de ensinar.

- **Comover** (*cum* + *movere*) – Trata-se de convencer pela emoção. Pela excitação da afetividade, a vontade arrasta o intelecto a aderir ao ponto de vista do orador. *Movere* (mover), de Cícero, corresponde ao *pathos* (paixão), de Aristóteles.

- **Agradar** (*placere*) – Corresponde na terminologia latina a *delectare* (deleitar). Trata-se da persuasão pelo uso do campo afetivo.

Cícero também estudou e entendeu a importância da entonação da voz e da postura corporal, que influenciam tanto quanto um bom argumento lógico.

Decorum

Em 46 a.c., Cícero escreveu o último de seus muitos livros, chamado *O Orador*. Nessa obra, Cícero define as qualidades ideais de um orador. Uma dessas qualidades denominou *decorum*, que é a capacidade de perceber o que é conveniente a cada momento.

Treine sua percepção do que é mais conveniente a cada situação que enfrenta. Melhor ainda se ficar atento para outras pessoas tentando persuadir alguém e buscando identificar oportunidades de aplicar alguma das formas propostas por Aristóteles, Cialdini ou Cícero.

Aproveite e adicione à lista a recomendação de William Makepeace Thackeray[5]: "O bom humor é um dos melhores artigos de vestuário que se deve usar em sociedade".

Sorria e venda ideias!

Notas e Referências

1. Roberto de Oliveira Campos (1917-2001) foi um economista, diplomata e político brasileiro. Ocupou os cargos de deputado federal, senador e ministro do Planejamento de Castello Branco. Trabalhou no segundo governo de Getúlio Vargas. Foi um dos criadores do atual Banco Nacional de Desenvolvimento Econômico e Social (BNDES). No governo de Juscelino Kubitschek, teve participação importante no Plano de Metas. Apoiou, em 1964, o golpe militar no Brasil. No Governo Castelo Branco, Roberto Campos participou do grupo que criou: o Banco Nacional da Habitação (BNH), o salário-

-educação, o cruzeiro novo, a indexação de preços na economia brasileira através da correção monetária pelas ORTNs, Obrigações Reajustáveis do Tesouro Nacional. Criou, em parceria com outros, o Banco Central do Brasil, o FGTS e o Estatuto da Terra.

2. Américo de Sousa é mestre em Ciências da Comunicação pela Universidade da Beira Interior; Pós-graduado em Relações Interculturais — Universidade Aberta; Licenciado em Filosofia, pela Faculdade de Letras do Porto; Docente no Ensino Superior; Membro-fundador da SOPCOM — Associação Portuguesa das Ciências da Comunicação; Autor do livro *A Persuasão*, Editora Universidade da Beira Interior, Covilhã, 2001.

3. Mary Parker Follett (1868-1933) foi uma autora norte-americana que tratou de diversos temas relativos à administração, na chamada Escola das Relações Humanas, ficando conhecida como a "profetisa do gerenciamento". Formou-se em Filosofia, Direito, Economia e Administração Pública e foi autora de três livros. Suas ideias foram muito revolucionárias para sua época, e, em boa parte, continuam sendo até hoje desafiantes.

4. Marco Túlio Cícero; em latim, Marcus Tullius Cicero (106 a.C.-43 a.C.), foi filósofo, orador, escritor, advogado e político romano. Cícero é normalmente visto como uma das mentes mais versáteis da Roma antiga. Foi ele quem apresentou aos romanos as escolas de filosofia grega e criou um vocabulário filosófico em latim, distinguindo-se como um linguista, tradutor e filósofo. Um orador impressionante e um advogado de sucesso, Cícero provavelmente pensava que a sua carreira política era a sua maior façanha. Hoje em dia, ele é apreciado principalmente pelo seu humanismo e trabalhos filosóficos e políticos. Dos livros de Cícero, seis sobre retórica sobreviveram, assim como partes de oito livros sobre filosofia. Dos seus discursos, 88 foram registrados, mas apenas 58 sobreviveram.

5. William Makepeace Thackeray (1811-1863) foi um romancista britânico. Atribui-se a ele o primeiro uso da palavra *capitalismo*, em 1854, com a qual quis dizer "posse de grande quantidades de capital", e não se referir a um sistema de produção. É o autor de *As Aventuras de Barry Lyndon*, transposto para o cinema por Stanley Kubrick. Ficou famoso por seus trabalhos satíricos, particularmente *Vanity Fair*, um retrato panorâmico da sociedade inglesa.

16 O que Separa o Melhor do Resto

"Os melhores não se contentam em entregar o mínimo."

Roberto Ruban

Sempre que viajo para fora do país, percebo que o Brasil ainda é muito admirado pelo futebol. Muitas vezes, acho injusto que não percebam outras qualidades de nosso país, mas, temos de reconhecer que nossos jogadores sempre levaram o esporte ao limite máximo.

Pois bem, neste mesmo "país do futebol", você acreditaria que temos o pior time do mundo?

— *Está brincando! Achei que fosse na Argentina.*

Brincadeiras à parte, como não existe um campeonato brasileiro para definir o pior, temos de aceitar o que a fama aponta. E, neste caso, a fama aponta para o Íbis Sport Club[1].

Esse clube de Pernambuco, fundado em 1938, conseguiu várias façanhas, entre elas, a de disputar o campeonato da segunda divisão de seu Estado, no ano de 2010, e ficar em último lugar, com a pior defesa do campeonato, perdendo dez dos 12 jogos disputados. Não pense que ganhou as outras duas, pois empatou uma.

A fama do Íbis começou nos anos 1970, quando a torcida adversária começou a chamá-lo de pior time do mundo, depois de duas séries de derrotas consecutivas, uma de nove e outra de 23 partidas, mas se consagraram definitivamente com esse título nos anos 1980, quando conseguiram o recorde de 55 partidas sem vencer. Foram três anos e 11 meses sem vencer!

E, como disse Luis Aragonés[2]: "No futebol, é necessário ganhar e ganhar e ganhar e voltar a ganhar e ganhar e ganhar".

— *Aonde pretende chegar?*

Quero discutir o que separa o melhor do resto.

Concordo com Aragonés, mas não apenas no futebol. No mundo dos negócios e em nossa vida profissional também é assim.

— *Mas o termo "resto" não é um pouco agressivo? Poderia, por exemplo, dizer "dos demais".*

Poderia, sem dúvida, mas escolhi o termo "resto", pois esse é o primeiro aspecto que quero enfatizar.

No ambiente competitivo em que estamos, só existe espaço para os melhores e o resto. Se estiverem no grupo mediano, tanto empresas como profissionais farão parte do "resto".

Hoje em dia, temos de fazer a diferença para nossas empresas e nossos clientes. Não dá mais para apenas "disputar o campeonato" para melhorar o próprio currículo. Não interessará o seu cargo ou empresa onde tenha trabalhado, caso não consiga demonstrar que promoveu resultados.

Vou mostrar alguns aspectos nos quais deve focar seu desenvolvimento profissional, para que seja "relevante" em cada cargo que ocupar.

Diretor ou Gerente?

Como disse Peter Drucker, um dos principais problemas nas organizações é confundir eficiência com eficácia.

— *Como assim?*

Confundimos, muitas vezes, o "fazer certo as coisas" com "fazer as coisas certas".

Os gerentes têm que fazer certo as coisas ou garantir que isso ocorra. Devem buscar a eficiência.

Os gestores de alto nível têm que fazer as coisas certas ou garantir que isso seja feito. Devem buscar a eficácia.

— *Desculpe-me, mas parece óbvio.*

Não precisa se desculpar. Parece óbvio, pois deve ter ouvido isso centenas de vezes. Ouviu, mas, aplica?

O problema é que, na maioria das vezes, quando um gerente é promovido a um cargo de direção, se esquece de entender o motivo pelo qual foi promovido e tende a tentar fazer ainda melhor o que já fazia no cargo anterior. Busca aquele 0,5% de eficiência adicional e se esquece que está lá para tomar as decisões estratégicas que trarão resultado melhor para a empresa.

Se ocupar um cargo de direção, faça sua parte e deixe que os gerentes façam a parte deles.

Preparar-se Sempre para os Próximos Desafios

Alguns, ao receberem uma promoção, caem na tentação de acreditar que já "chegaram lá".

Nossa jornada nunca termina. Não temos como "chegar lá". Os desafios atuais não serão, necessariamente, os desafios de amanhã; por isso, devemos nos desenvolver continuamente.

Recentemente, em uma curta viagem de avião, uma jovem sentada ao meu lado disse ter percebido que eu comecei a ler e fazer anotações antes da decolagem e fechei o livro quando o avião tocou o solo. Obviamente, se ela achasse aquilo normal, não teria feito tal comentário.

Enquanto o avião taxiava, perguntou se eu gostava de ler. Respondi que gostava, mas achava que deveria ler mesmo que não gostasse. Seu olhar de surpresa me mostrou que para ela, o fato de ocupar um cargo de direção já me credenciaria naturalmente e, portanto, não haveria muito mais para aprender.

Por sua vez, ela me disse que não gostava muito de ler; lia no máximo um livro por ano.

Errado!

Como disse Mark Twain: "Uma pessoa que não lê não leva nenhuma vantagem sobre uma pessoa analfabeta".

Mediocridade

Medíocre é algo mediano, comum, vulgar, que se encontra entre o bom e o ruim. Mediocridade refere-se ao que está na média.

— *Está me dizendo que se eu estiver na média, posso ser considerado medíocre?*

Não sou dicionarista, mas é o que está escrito.

Lembre-se que eu lhe disse, no início do capítulo, que se não estiver entre os melhores, está no grupo do "resto", daqueles que não fazem a diferença, são irrelevantes.

— *Como posso saber se faço a diferença?*

Pergunta difícil, pois nosso ego tende a nos ludibriar nessas horas. Acho que, se pudesse, deveria responder sinceramente à seguinte pergunta: "Caso eu deixasse minha empresa hoje, seria substituído rápida e facilmente, sem causar perdas para a empresa?"

A resposta lhe daria uma boa leitura de quanta diferença você está fazendo para seu empregador e para seus clientes.

— *E, caso eu não goste da resposta?*

Nesse caso, "ouça" William Somerset Maugham[3]: "Apenas os medíocres estão sempre no seu máximo".

Temos de evoluir e melhorar sempre. Quando achar que já atingiu o seu limite, estará a caminho da mediocridade.

Concordo também com o crítico e poeta francês Nicolas Boileau: "Não há graus intermediários entre o medíocre e o pior".

É apenas uma questão de atitude pessoal. Alguns assumem a postura de aceitar que podem melhorar sempre, outros não.

Como disse o jornalista e escritor britânico Nelson Boswell: "A diferença entre grandiosidade e mediocridade está, frequentemente, em como um indivíduo enxerga um erro".

Eu enfatizaria esta afirmação, dizendo, como um indivíduo enxerga os seus próprios erros.

Desleixo ou Capricho

Os melhores não se contentam em entregar o mínimo.

Mesmo que o conteúdo esteja aceitável, os melhores se preocupam, também, com a forma e a imagem que causarão.

As pessoas que não cuidam da própria imagem ou da imagem criada através de seu trabalho, geralmente não chegam ao topo da estrutura organizacional.

Conectando Clientes e Acionistas

Os melhores nunca escolhem entre as necessidades e demandas do cliente ou as necessidades e demandas do acionista.

Na verdade, os melhores são aqueles que conseguem equilibrar as relações de forma a satisfazer a ambas as partes. Nem tudo para o cliente, nem tudo para o acionista.

Os melhores conseguem, mesmo que intuitivamente, perceber uma conexão entre a satisfação dos clientes e o engajamento das pessoas. Trabalham com foco no desenvolvimento desse engajamento. Um time engajado com as necessidades dos clientes, fatalmente tornará o acionista satisfeito.

O "Tamanho" do seu Cargo

Um dos piores chefes que já tive foi quem me propiciou aprender mais. Não me enganei. Foi um dos piores mesmo!

Com ele, eu aprendi muita coisa que não deveria fazer, mas, ele também me ensinou algo que carrego comigo até hoje. Ele me dizia: "Você define o tamanho do seu cargo".

Não adianta nada dar um cargo a alguém que não o ocupará plenamente. Infelizmente, isso é o que mais ocorre nos dias atuais. Por alguma razão, as pessoas não ocupam todo o espaço que é dado a elas. Estão tentando fazer o mínimo, em vez de tentar o máximo.

— *Lá vem você me prejulgando de novo.*

Não digo isso apenas no sentido de apontar para a preguiça. Quero enfatizar o fato de que, muitas vezes, nós estabelecemos alvos muito próximos e muito fáceis, talvez pelo medo de falhar.

Os grandes profissionais têm grandes aspirações. Estabelecem metas mais desafiadoras do que o próprio chefe o faria. Não se limitam a conseguir uma performance "suficiente". Querem ser os melhores no que fazem.

Mostre-se disponível para assumir mais desafios, mostre-se interessado, mas não se esqueça de entregar resultados consistentes. Não adianta nada assumir compromissos e não cumpri-los.

Se quiser estar no grupo acima da média, estabeleça metas pessoais acima da média. Sei que querer não é suficiente, mas é necessário.

Integridade e Coerência

Reconheço que repito isso frequentemente, mas o óbvio tem de ser lembrado. Grandes profissionais que chegam e se mantêm no topo são, na sua grande maioria, íntegros.

Faça o que diz que fará. Faça sempre o que é certo, não o que é melhor para você. Respeite a empresa e os outros. Cumpra compromissos, prazos e promessas.

Nada pior do que um grupo de pessoas que não consegue entender a que o seu chefe aspira. Seja coerente no que pede e no que faz.

Desenvolva uma imagem pessoal irretocável.

Comunicação

Os melhores profissionais, em geral, comunicam muito bem. Sua eficácia em comunicação permite que consigam o que precisam com menos esforço e gerando menos mal-entendidos.

Notas e Referências

1. O Íbis Sport Club é um clube de futebol da cidade de Paulista, no estado de Pernambuco. O time ficou famoso depois que ganhou o epíteto de "pior time do mundo". O mascote do time é o íbis, animal da mitologia egípcia.

   O Íbis foi fundado em 15 de novembro de 1938, pela Tecelagem de Seda e Algodão de São Paulo. A princípio apenas funcionários da empresa jogavam e mesmo assim eram partidas amistosas. Com a morte do proprietário da empresa, João Pessoa de Queiroz, os herdeiros da tecelagem não tiveram interesse em manter o time. Foi então que apareceu a figura de Onildo Ramos, na época gerente da empresa. Foi o próprio Onildo que idealizou o pássaro preto como símbolo.

   Nos anos 1970, graças a nove derrotas consecutivas e depois uma sequência de 23 jogos sem vitórias, conquistou fama nacional. A fama de "pior time de mundo" veio com uma brincadeira de uma torcida adversária, mas pegou na década de 1980, quando atingiu a marca de 55 partidas sem vencer um jogo sequer, sendo sete empates e 48 derrotas. O time ainda marcou 25 gols e sofreu 231. Foram três anos e onze meses sem conquistar uma vitória. Mais tarde, inspiraria o Casseta & Planeta a criar o Tabajara Futebol Clube.

   No Estadual de 1980 o Íbis venceu o Ferroviário por 1 a 0 em 20 de julho. Depois disso o time só voltaria a ganhar em 17 de junho de 1984, quando bateu o Velo Clube por 3 a 1. Curiosamente, antes de vencer o Ferroviário, o clube já vinha de dezenove jogos sem vencer, entre 1978 e 1979. (...)

   O Íbis não participou do Pernambucano da Série A2 de 2009 por não encontrar uma cidade e um estádio para ser sua sede, mas voltou à ativa no ano seguinte, novamente na Segunda Divisão pernambucana. Ficou na última posição com apenas quatro pontos: venceu uma partida, empatou outra e perdeu dez. Teve a pior defesa entre todos os participantes (35 gols sofridos) e marcou apenas cinco gols, resultando num saldo negativo de 30.

2. José Luis Aragonés Suárez (Madrid, 28 de julho de 1938) foi um futebolista e é atualmente treinador de futebol. Ficou mais conhecido recentemente por seu trabalho frente à Seleção Espanhola, mas está mais identificado ao Atlético de Madrid, mesmo tendo jogado no rival Real Madrid.

3. William Somerset Maugham (1874-1965) foi um famoso romancista e dramaturgo inglês, nasceu em Paris, onde o pai servia como advogado da embaixada britânica.

17 Rumo à Luz

"O sol... há de brilhar mais uma vez
A luz... há de chegar aos corações
Do mal... será queimada a semente
O amor... será eterno novamente."[1]

Nelson Cavaquinho e Élcio Soares

Silêncio absoluto...
Branco absoluto...
Luz absoluta...
Queiramos ou não, a verdade é que a maioria das pessoas acredita em vida após a morte, e que essa vida poderia ser melhor que a atual ou poderia vir a ser um castigo eterno.
Para alguns "a luz" e para outros "as trevas".
É intrigante que não acreditemos em continuidade.
O medo do desconhecido conecta nossas crenças modernas ao que poderíamos denominar submundo.

A mitologia do submundo nos remete à ideia de um lugar eternamente em chamas, um reino de fogo sob a terra, emanando continuamente odores sulfurosos.

— *Você está pessimista hoje.*

Se você se permitir pensar que poderá caminhar rumo à luz, quando morrer, estará implicitamente reconhecendo que também estaria correndo o risco de não ser digno dessa "graça". A alternativa seria passar para o lado obscuro da existência eterna. Não se trata de pessimismo, mas não valeria a pena arriscar, não acha?

A questão filosófica que terá de enfrentar é se acredita que essa passagem pode ser adquirida em vida ou se o seu destino já está traçado.

Você estaria predestinado a ver a luz ou as chamas eternas ou você teria o direito de moldar sua história de vida?

No primeiro capítulo, eu havia proposto ter mais domínio do seu "script" profissional desde hoje até o momento final.

Aqui, nestas últimas páginas, proponho pensar em sua "jornada" e abandonar, definitivamente, os conceitos de destino ou predestinação.

Não creia em destino, creia em jornada.

O propósito deste livro é ajudar aqueles que acreditam em melhorar-se continuamente e sentem que seriam mais completos se vivessem em contínua evolução. A evolução pessoal é um processo que deveria terminar apenas com o último suspiro. Afinal, dominar um script, mas desenvolver uma história ruim não é algo que devêssemos buscar.

Você acredita que sempre é possível evoluir para uma situação melhor ou acredita que seu destino está traçado, não importa o que faça?

Você será mais feliz e se sentirá mais realizado se tiver vivido uma grande história ou isso não fará diferença?

Sua história merecerá ser contada?

As respostas a essas importantes questões moldarão o modo como estabelece suas prioridades profissionais. O processo de "caminhada rumo à luz" (da forma como a concebo) somente fará sentido se realmente puder comprovar que a sua história está mudando para melhor. De qualquer modo, espero que concorde com o dramaturgo Arthur Miller[2]: "Talvez tudo o que possamos esperar é terminar com os arrependimentos certos". Seu último suspiro deverá ser sucedido pela certeza de que a jornada valeu a pena e que sua história mereceria ser contada. Nesse sentido vale à pena pensar nas palavras de Joan Baez: "Você não pode escolher como vai morrer. Ou quando. Você pode decidir como vai viver".
Como será lembrado quando morrer? Pensar nisso lhe traz um sentimento positivo, de realização, ou um sentimento negativo, de frustração? Sua lápide deveria ser escrita para lembrar um legado ou teria apenas data de nascimento e morte?

Pouco conhecimento faz que as pessoas se sintam orgulhosas. Muito conhecimento, que se sintam humildes. É assim que as espigas sem grãos erguem desdenhosamente a cabeça para o Céu, enquanto as cheias as baixam para a terra, sua mãe.

Leonardo Da Vinci

Feliz script!

Notas e Referências

1. Letra do samba "Juizo Final" de Nelson Cavaquinho e Elcio Soares.
2. Arthur Asher Miller (1915-2005) foi um dramaturgo norte-americano. Conhecido por ser o autor das peças *Morte de um Caixeiro Viajante* e *As Feiticeiras de Salem*, e por se ter casado com Marilyn Monroe em 1956. Recebeu o Prêmio Pulitzer, Prêmio Tony (3 vezes), Prêmio Círculo de Críticos de Teatro de Nova Iorque e Prêmio Príncipe Astúrias de Letras.

    A citação de Arthur Miller é uma tradução livre de "Maybe all one can do is hope to end up with the right regrets".

FUI PROMOVIDO! E AGORA?
Como turbinar e acelerar seu autodesenvolvimento profissional

O grande desafio de quem está assumindo novas responsabilidades e funções em uma empresa é saber agir e se comportar a partir de então. Apreensões e dúvidas são reações muito naturais e comuns nessas situações.

Este livro é para quem acabou de ser promovido ou está a ponto de sê-lo, e precisa preparar-se para enfrentar os novos desafios. Roberto Ruban explica que toda sua trajetória profissional tem sido um aprendizado constante e que muito do que aprendeu foi ouvindo e recebendo ajuda e orientações de pessoas próximas.

O objetivo deste livro é informar, orientar e ajudar você a transpor esta etapa importante de sua carreira profissional, com segurança e muito sucesso.

O autor confessa que, no início e durante sua carreira profissional, quando precisou, encontrou pessoas e colegas generosos que conduziram, orientaram e ajudaram em sua formação e carreira profissional. E que mesmo reconhecendo estas colaborações não teve oportunidades de agradecer a essas pessoas. Em contrapartida, decidiu escrever este livro em retribuição e, principalmente, visando a ajudar e orientar profissionais recém-promovidos, novos gerentes ou executivos que acabaram de assumir responsabilidades de chefia. Ruban oferece aos leitores o conhecimento e a experiência de trinta anos chefiando pessoas e atingindo objetivos. O texto proporciona conhecimentos e práticas que irão contribuir para seu autodesenvolvimento pessoal e profissional.

GRÁFICA PAYM
Tel. (011) 4392-3344
paym@terra.com.br